Chouette

CM1

CYCLE 3

9-10 ANS

ÉCOLE NOUVEAUX PROGRAMMES PRIMAIRE

Maths

Claude Maréchal
Conseillère pédagogique

Écris ton prénom

Hatier

Présentation

Ce cahier aidera votre enfant à consolider ses acquis et à s'évaluer en **maths** durant son année de **CM1.** En effet, il ne suffit pas d'apprendre ses leçons : il faut aussi pratiquer et s'entrainer.

- Chaque chapitre comporte quatre pages : une de **NUMÉRATION**, une de **GÉOMÉTRIE/MESURE**, une de **CALCUL** et une de **PROBLÈMES**.
- Sur chaque page, une à trois notions sont traitées et expliquées.
- Les exercices reprennent de façon systématique toutes les notions abordées en classe.
- Ils assurent ainsi, par une mise en application répétée de la règle, une parfaite acquisition des connaissances et des savoir-faire attendus.

TEST

Avant de commencer les exercices du cahier, votre enfant peut faire le **test de maths** pages 4 et 5 pour évaluer son niveau. En fonction de ses résultats (page 6), et en consultant ensuite le sommaire (page 3), vous pourrez repérer les notions à réviser en priorité. Il lui est également possible de travailler sur les chapitres dans l'ordre où ils sont proposés.

Sur chaque page, la **règle** est rappelée et accompagnée d'**exemples.** La rubrique JE SAIS DÉJÀ vous rappelle les connaissances déjà acquises par votre enfant et nécessaires pour qu'il aborde sereinement la leçon de la rubrique JE COMPRENDS. Très souvent, un CONSEIL PARENTS vous donnera une information pour vous aider à accompagner votre enfant dans ses révisions : cela peut être un conseil pratique, ou des exemples à prendre dans la vie quotidienne…

CONSEILS PARENTS

Proposez à votre enfant d'écrire un seul chiffre par carreau sur son cahier. Cela l'aidera à poser l'opération correctement.

Les **exercices** proposent un système de graduation avec une, deux ou trois étoiles indiquant leur **niveau de difficulté.** Ils reprennent méthodiquement la ou les notions abordées dans la page de manière à optimiser l'assimilation des connaissances. Une petite ASTUCE, sur fond bleu, donne régulièrement à votre enfant un coup de pouce pour l'aider à résoudre un exercice.

Tu peux procéder par addition en partant du résultat de la soustraction pour arriver au grand nombre.

Au centre du cahier, les **corrigés détachables** permettent la vérification des acquis et l'évaluation des résultats par votre enfant seul ou aidé d'un adulte. En effet, votre enfant pourra cocher après chaque chapitre la case verte s'il l'a très bien réussi, la case orange s'il l'a moyennement réussi ou la case rouge si ses erreurs sont nombreuses. Il peut ensuite reporter ce résultat dans le **tableau de bord** du cahier page 3.

....

Sur les dernières pages de ce cahier, votre enfant trouvera un **Mémo** avec les règles de maths (formes géométriques, formules, conversions…) ainsi que les tables de multiplication qu'il doit impérativement connaitre.

Dans ce cahier, certains mots sont écrits selon les prérogatives du Ministère de l'Éducation nationale, recommandant d'appliquer la nouvelle orthographe. Par exemple, le mot « goûter » devra dorénavant s'écrire « gouter » ou encore le mot composé « des après-midi » s'écrira « des après-midis ».

Cet ouvrage est conforme à la nouvelle orthographe
www.orthographe-recommandee.info

© Hatier, 8 rue d'Assas, 75006 Paris • 2016 • ISBN : 978-2-218-99571-2
Conception graphique : Frédéric Jély • Édition : Imaginemos • Mise en page : STDI
• Illustrations : Karen Laborie • Chouettes : Adrien Siroy.

IMPRIM'VERT Votre imprimeur agit pour l'environnement

PAPIER À BASE DE FIBRES CERTIFIÉES

Hatier s'engage pour l'environnement en réduisant l'empreinte carbone de ses livres. Celle de cet exemplaire est de : 400 g éq. CO_2
Rendez-vous sur www.hatier-durable.fr

Achevé d'imprimer chez Pollina à Luçon - L11987 - France
Dépôt légal 99571 2/02 - Avril 2017.

Ton tableau de bord

Reporte la date à laquelle tu as fini chaque page d'exercices et coche la case ☐☐☐ qui correspond à ton résultat.

« Chouette bilan » : rendez-vous sur le site www.hatier-entrainement.com pour faire le bilan de tes connaissances en Maths CM1 !

TEST

Avant de commencer les activités de ton cahier, réponds à ces questions. Puis consulte le tableau page 6 pour découvrir les résultats de ton test de maths !

1. Dans le nombre **5 429**, il y a **542** centaines.
VRAI ☐ FAUX ☐

2. Deux droites parallèles sont deux droites qui se coupent en formant un angle droit.
VRAI ☐ FAUX ☐

3. Le résultat de **54 + 782 + 96** est **932**.
VRAI ☐ FAUX ☐

4. Un énoncé de problème se termine toujours par une **question**.
VRAI ☐ FAUX ☐

5. **(5 x 1 000) + (3 x 100) + 9** est la décomposition multiplicative du nombre **5 309**.
VRAI ☐ FAUX ☐

6. Un angle aigu est un angle plus grand qu'un angle droit.
VRAI ☐ FAUX ☐

7. Pour trouver un reste, on fait une **soustraction**.
VRAI ☐ FAUX ☐

8. Dans un problème, on peut indiquer des données chiffrées sous forme de mots.
VRAI ☐ FAUX ☐

9. La classe des millions est plus grande que la classe des milliards.
VRAI ☐ FAUX ☐

10. Pour tracer un cercle, on utilise un **compas**.
VRAI ☐ FAUX ☐

11. Pour faire une soustraction, on écrit les nombres les uns sous les autres en commençant par le plus petit.
VRAI ☐ FAUX ☐

12. Quand on a trouvé la réponse à la question d'un problème, on rédige toujours une phrase avant d'écrire l'opération en ligne.
VRAI ☐ FAUX ☐

13. **12 328** se dit **douze-mille-trois-cent-vingt-huit**.
VRAI ☐ FAUX ☐

14. Pour reproduire exactement une figure, on peut utiliser du papier-calque.
VRAI ☐ FAUX ☐

15. **846 x 35**, c'est la même chose que **(846 x 30) + (846 x 5)**.
VRAI ☐ FAUX ☐

16. Dans un énoncé de problème, un mot-clé peut être un piège pour trouver l'opération qui doit permettre de répondre à la question.
VRAI ☐ FAUX ☐

17. **145 218** est plus petit que **145 118**.
VRAI ☐ FAUX ☐

18. Pour reproduire une figure, une règle graduée, une équerre ou un compas sont indispensables.
VRAI ☐ FAUX ☐

19. Pour multiplier un nombre par **100**, il suffit d'écrire trois zéros à la droite de ce nombre.
VRAI ☐ FAUX ☐

20. Dans un problème, toutes les données chiffrées sont indispensables pour répondre à la question posée.
VRAI ☐ FAUX ☐

21. **30** est un nombre à la fois multiple de **2**, de **3**, de **5**, de **6**, de **10** et de **15**.
VRAI ☐ FAUX ☐

22. **Déca**, comme dans décagramme, veut dire **cent fois plus grand**.
VRAI ☐ FAUX ☐

23. Le résultat de **714 x 203** est **144 942**.
VRAI ☐ FAUX ☐

24. Pour créer un énoncé de problème, il suffit de raconter une histoire et de donner les nombres nécessaires pour répondre à la question que l'on pose.
VRAI ☐ FAUX ☐

25. $\frac{1}{4}$ se lit **un quart**.
VRAI ☐ FAUX ☐

26. Il y a **10 cm** dans **un mètre**.
VRAI ☐ FAUX ☐

27 Une **division** permet de calculer la valeur d'une part.
VRAI ☐ FAUX ☐

28 Dans un énoncé de problème, les données chiffrées peuvent être présentées dans un tableau de nombres ou bien sous forme de graphique.
VRAI ☐ FAUX ☐

29 On peut utiliser une **fraction** pour désigner des longueurs.
VRAI ☐ FAUX ☐

30 Pour mesurer la longueur d'un segment, on utilise une **équerre**.
VRAI ☐ FAUX ☐

31 Les mots **dividende**, **diviseur** et **quotient** s'utilisent quand on parle d'une division.
VRAI ☐ FAUX ☐

32 Quand il n'y a qu'une seule question dans un énoncé de problème, il n'y a qu'une seule opération à faire pour trouver la solution.
VRAI ☐ FAUX ☐

33 Un **nombre décimal** est un nombre qui s'écrit avec une **virgule**.
VRAI ☐ FAUX ☐

34 Tous les **polygones** ont quatre côtés.
VRAI ☐ FAUX ☐

35 Le quotient de **10 992** divisé par **24** est **438**.
VRAI ☐ FAUX ☐

36 Si **3 kg** d'abricots coutent **6 €**, **12 €** est le prix de **6 kg**.
VRAI ☐ FAUX ☐

37 Dans **42,56** le chiffre **6** représente le chiffre des centièmes.
VRAI ☐ FAUX ☐

38 Pour construire un carré, il faut connaitre ses **propriétés** (côtés, angles, mesures).
VRAI ☐ FAUX ☐

39 Pour additionner ou soustraire des nombres décimaux, il faut poser l'opération en veillant à ce que les virgules soient bien les unes sous les autres.
VRAI ☐ FAUX ☐

40 Pour effectuer un voyage, l'école loue 3 cars de 55 places chacun. Peut-on répondre à la question **« Combien d'élèves peuvent participer au voyage »** ?
VRAI ☐ FAUX ☐

41 $\frac{318}{100}$ peut s'écrire : **3 + 0,10 + 0,08**.
VRAI ☐ FAUX ☐

42 Un **polyèdre** est un volume dont toutes les faces sont des polygones.
VRAI ☐ FAUX ☐

43 Le résultat de **456 – 28,4** est **417,7**.
VRAI ☐ FAUX ☐

44 On peut créer un énoncé de problème à partir d'un document trouvé dans un magazine.
VRAI ☐ FAUX ☐

45 **14,05** est plus grand que **14,5**.
VRAI ☐ FAUX ☐

46 Dans un rectangle, il y a deux axes de symétrie.
VRAI ☐ FAUX ☐

47 Quand une division ne tombe pas juste, on peut la continuer pour trouver un quotient décimal.
VRAI ☐ FAUX ☐

48 Quand il manque une information dans un énoncé de problème, on peut aller la chercher dans un document (encyclopédie, Internet...).
VRAI ☐ FAUX ☐

49 **5 kg 3 hg 8 g** s'écrit aussi **5 308 g**.
VRAI ☐ FAUX ☐

50 **Cube** et **parallélépipède rectangle**, c'est la même chose.
VRAI ☐ FAUX ☐

51 Il manque **3,6** à **5,4** pour faire **9**.
VRAI ☐ FAUX ☐

52 Dans un énoncé de problème, il peut y avoir des informations qui ne servent pas pour répondre aux questions.
VRAI ☐ FAUX ☐

53 Il y a **60 min** dans une heure et **60 secondes** dans une minute.
VRAI ☐ FAUX ☐

54 **c x c** est la formule pour calculer le périmètre d'un carré.
VRAI ☐ FAUX ☐

55 Dans le résultat de **12,8 x 3,7** il y aura deux chiffres après la virgule.
VRAI ☐ FAUX ☐

56 Pour mesurer l'aire d'une figure, on peut utiliser un **quadrillage** dont un carré servira d'unité.
VRAI ☐ FAUX ☐

Résultats du test p. 6 →

Résultats du TEST

Si ta réponse est bonne, entoure le signe de couleur situé à côté.

1	FAUX	■	13	VRAI	■	25	VRAI	■	37	VRAI	■	49	VRAI	■
2	FAUX	●	14	VRAI	●	26	FAUX	●	38	VRAI	●	50	FAUX	●
3	VRAI	◆	15	VRAI	◆	27	VRAI	◆	39	VRAI	◆	51	VRAI	◆
4	VRAI	▲	16	VRAI	▲	28	VRAI	▲	40	FAUX	▲	52	VRAI	▲
5	VRAI	■	17	FAUX	■	29	VRAI	■	41	VRAI	■	53	VRAI	■
6	FAUX	●	18	VRAI	●	30	FAUX	●	42	VRAI	●	54	FAUX	●
7	VRAI	◆	19	FAUX	◆	31	VRAI	◆	43	FAUX	◆	55	VRAI	◆
8	VRAI	▲	20	FAUX	▲	32	FAUX	▲	44	VRAI	▲	56	VRAI	▲
9	FAUX	■	21	VRAI	■	33	VRAI	■	45	FAUX	■			
10	VRAI	●	22	FAUX	●	34	FAUX	●	46	VRAI	●			
11	FAUX	◆	23	VRAI	◆	35	FAUX	◆	47	VRAI	◆			
12	VRAI	▲	24	VRAI	▲	36	VRAI	▲	48	VRAI	▲			

NUMÉRATION

Si tu as entre 10 et 14 ■ : Bravo ! Tu es un as de la numération. Et tu vas apprendre encore plus avec ce cahier.

Si tu as entre 5 et 9 ■ : C'est bien ! Les exercices de ce cahier vont aussi te permettre de réviser des notions que tu avais peut-être oubliées.

Si tu as entre 1 et 4 ■ : Lis attentivement les leçons des pages **NUMÉRATION** avant de faire les exercices qui suivent.

GÉOMÉTRIE / MESURE

Si tu as entre 10 et 14 ● : Bravo ! Tu es un as en géométrie et mesure. Et tu vas apprendre encore plus avec ce cahier.

Si tu as entre 5 et 9 ● : C'est bien ! Les exercices de ce cahier vont aussi te permettre de réviser des notions que tu avais peut-être oubliées.

Si tu as entre 1 et 4 ● : Regarde si c'est en **GÉOMETRIE** ou en **MESURE** que tu as eu le plus de difficultés. Lis attentivement les leçons des pages correspondantes avant de faire les exercices qui suivent.

CALCUL

Si tu as entre 10 et 14 ◆ : Bravo ! Tu es un as dans le calcul des opérations. Et tu vas apprendre encore plus avec ce cahier.

Si tu as entre 5 et 9 ◆ : C'est bien ! Les exercices de ce cahier vont aussi te permettre de réviser des notions que tu avais peut-être oubliées.

Si tu as entre 1 et 4 ◆ : Lis attentivement les leçons des pages **CALCUL** avant de faire les exercices qui suivent.

PROBLÈMES

Si tu as entre 10 et 14 ▲ : Bravo ! Tu es un as en résolution de problèmes. Et tu vas apprendre encore plus avec ce cahier.

Si tu as entre 5 et 9 ▲ : C'est bien ! Les exercices de ce cahier vont aussi te permettre de réviser des notions que tu avais peut-être oubliées.

Si tu as entre 1 et 4 ▲ : Lis attentivement les leçons des pages **PROBLÈMES** avant de faire les exercices qui suivent.

Sur le site **www.hatier-entrainement.com**, tu trouveras d'autres exercices pour t'entrainer.

Bonjour !

Faire des maths, ce n'est pas si compliqué ! C'est connaitre les nombres, savoir effectuer des opérations, apprendre la géométrie et les mesures, et aussi résoudre des problèmes grâce à tout ce que tu as appris.
Pour t'entrainer, tu auras besoin de crayons de couleur, d'un stylo bille, d'une gomme, d'une règle graduée, d'une équerre, d'un compas et d'une calculatrice.
Ce cahier va te permettre de progresser rapidement !

■ Chaque chapitre de ce cahier te propose 4 pages pour travailler sur les 4 **domaines** de maths.

■ Lis attentivement la **leçon** de l'encadré jaune avant de commencer les exercices de la page.

Utilise une équerre pour repérer si les angles sont plus petits ou plus grands qu'un angle droit.

→ Les **exercices** te proposent 3 niveaux de difficulté : ★ facile, ★★ moyen, ★★★ plus difficile. Parfois, la chouette te donne une astuce ou un conseil pour t'aider à les faire.

→ Après avoir regardé le livret des **corrigés**, tu pourras cocher l'une des trois cases situées en fin de chapitre : la case verte si tu as tout bon, la case orange s'il y a 3 ou 4 erreurs et la case rouge s'il y en a davantage. Tu peux ensuite reporter tes résultats sur le **sommaire/tableau de bord** de la page 3.

→ Sur les dernières pages du cahier, tu trouveras un **mémo** avec les règles de maths (formes géométriques, fractions et décimaux, formules, conversions…) et les **tables de multiplication** que tu dois impérativement connaitre en CM1. Tu peux les regarder pour faire les exercices autant de fois que nécessaire.

NUMÉRATION

1 Écrire des nombres (1)

JE SAIS DÉJÀ

Lire un nombre jusqu'à 6 chiffres. Reconnaitre, dans les nombres, la valeur d'un chiffre suivant sa position.

JE COMPRENDS

Dans 648, le chiffre 8 est le **chiffre** des unités. 648 est le **nombre** d'unités.
4 est le **chiffre** des dizaines. **64** est le **nombre** de dizaines.
6 est le **chiffre** des centaines, c'est aussi le **nombre** de centaines.
Chaque chiffre représente un groupement différent suivant sa position dans le nombre.

CONSEILS PARENTS

Soyez vigilants à la façon dont votre enfant forme les chiffres. Ceux-ci doivent être parfaitement lisibles pour éviter toute confusion.

★ **1** **Dans les nombres ci-dessous, entoure en rouge le chiffre des dizaines.**

70 014 ; 72 403 ; 628 ; 8 403 ; 123 549 ; 2 548.

★ **2** **Dans les nombres ci-dessous, entoure en bleu le chiffre des centaines.**

4 275 ; 16 825 ; 13 038 ; 427 ; 6 213 ; 123 613.

★ **3** **Dans les nombres ci-dessous, entoure en vert le chiffre des unités de mille.**

6 426 ; 10 827 ; 736 213 ; 4 807 ; 12 036 ; 9 324.

N'oublie pas de laisser une **espace** entre la classe des mille et la classe des unités.

★ **4** **Écris le nombre de dizaines dans chaque nombre.**

7 342 : 734 dizaines

a) 12 326 : 123

b) 104 018 : ....

c) 2 327 : ....

d) 214 : ....

e) 8 000 : ....

★ **5** **Écris le nombre de centaines dans chaque nombre.**

2 324 : 23 centaines

a) 612 : ....

b) 13 816 : ....

c) 24 002 : ....

d) 9 000 : ....

e) 185 213 : ....

★★ **6** **Voici un nombre : 43 681.**

a) Que devient-il quand on lui retire 2 centaines ? ....

b) Que devient le nombre obtenu quand on lui ajoute 4 dizaines ? ....

c) Que devient ce dernier nombre quand on lui ôte 2 dizaines de mille ? ....

d) Quel est l'écart entre le nombre de départ (43 681) et celui que tu obtiens à la fin de l'exercice ? ....

Attention, pour les questions **b)** et **c)** il faut bien repartir de la réponse obtenue à la question précédente.

★★★ **7** **Écris le nombre qui compte 832 centaines, dont le chiffre des unités est 6 et le chiffre des dizaines 1.**

....

Corrigés p. 2

....

GÉOMÉTRIE

1 Droites parallèles et droites perpendiculaires

JE SAIS DÉJÀ

Reconnaitre des droites sécantes, parallèles ou perpendiculaires.

JE COMPRENDS

- AB et CD sont des **segments perpendiculaires**. Ils se coupent en formant un **angle droit** en O.

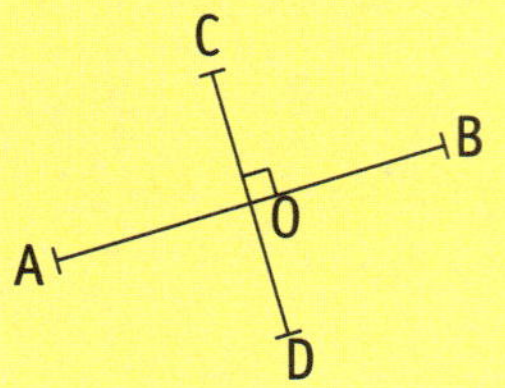

- Même prolongées, ces deux droites ne se couperont jamais. Elles sont **parallèles**.

CONSEILS PARENTS

L'utilisation de l'équerre par votre enfant n'est pas facile. Aidez-le en repérant l'angle droit par un point de couleur (avec du vernis à ongles, par exemple).

★ **1** **À l'aide de ta règle, trouve les trois points alignés. Trace la droite qui les joint.**

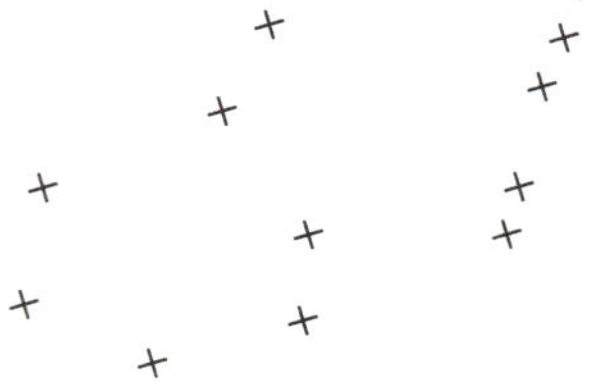

★ **2** **Repasse en rouge les droites perpendiculaires et en bleu les droites parallèles.**

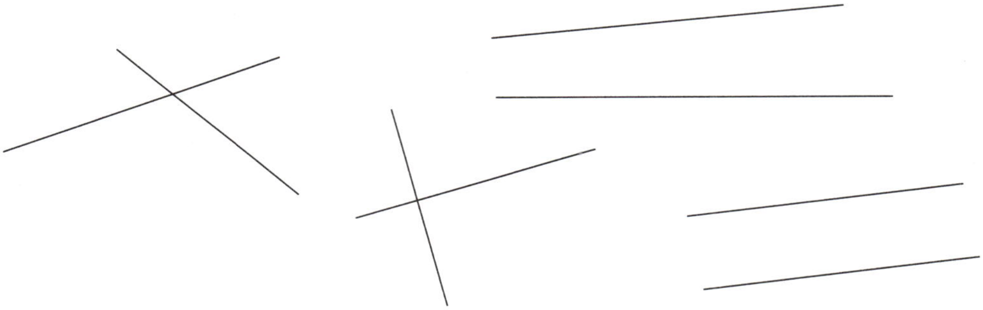

N'hésite pas à **prolonger** les droites avec une règle afin de constater si elles se coupent ou non.

★★ **3** **À l'aide de ton équerre et de ta règle trace :**

a) une perpendiculaire à la droite a.

b) une perpendiculaire à la droite b.

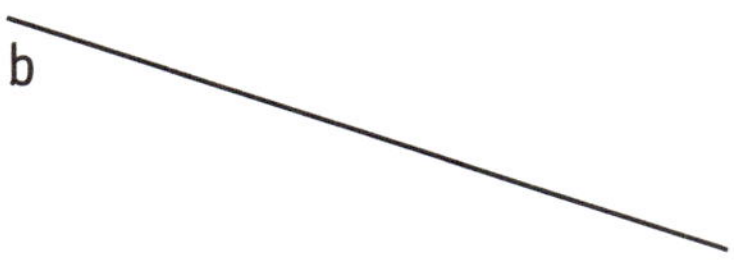

★★ **4** **On a commencé à reproduire la figure A. Continue pour obtenir deux figures identiques.**

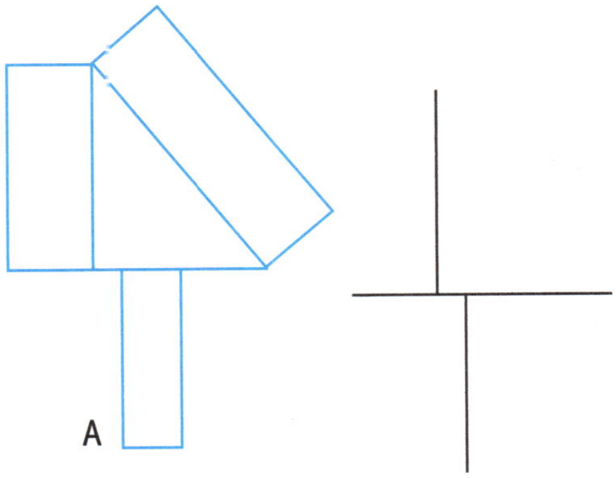

N'oublie pas de mesurer la longueur des segments pour que la figure reproduite soit identique au modèle.

Corrigés p. 2

....

CALCUL

1 L'addition

JE SAIS DÉJÀ

Poser les additions en colonne sans oublier les retenues.

JE COMPRENDS

Pour faire une addition, il faut :
- placer les nombres à additionner les uns sous les autres en alignant en colonnes les chiffres d'un même rang (unités, dizaines, centaines...) ;
- ne pas oublier les retenues.

	m	c	d	u
	(1)1	(1)6	(1)9	7
+		9	5	6
	2	6	5	3

CONSEILS PARENTS

Proposez à votre enfant d'écrire un seul chiffre par carreau sur son cahier. Cela l'aidera à poser l'opération correctement.

★ 1 Pose les additions au brouillon et reporte leur résultat ci-dessous.

a) 27 + 36 + 100 + 247 = ... b) 32 + 78 + 115 = ... c) 195 + 39 + 71 = ...

★ 2 Calcule sans poser l'opération.

CALCUL MENTAL

a) 14 + 8 = ... c) 25 + 8 = ... e) 6 + 9 = ...

b) 17 + 6 = ... d) 7 + 13 = ... f) 29 + 8 = ...

Dans les exercices 1, 2 et 3, entoure les **retenues** afin de ne pas les oublier.

★ 3 Évalue l'ordre de grandeur de la somme, puis effectue les opérations.

a) 436 + 1 248 = ... c) 14 038 + 925 = ...

b) 1 764 + 12 327 = ... d) 612 + 38 + 14 313 = ...

★★ 4 Complète les additions suivantes.

a)
```
  5 3 . 4
+   . 2 .
---------
  . 9 8 2
```

b)
```
  1 7 3 0 8
+   . . . .
-----------
  2 0 0 5 3
```

c)
```
  4 3 6 .
+ . . 5 1
---------
  6 1 . 6
```

Attention à ne pas oublier les **retenues** !

JE COMPRENDS

Voici une technique pour calculer la distance entre deux points :

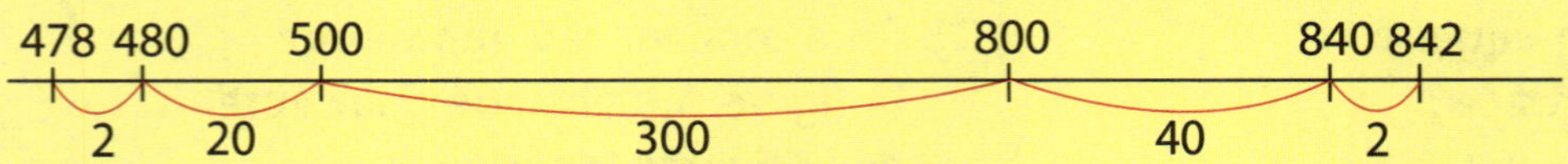

$2 + 20 + 300 + 40 + 2 = 364$

★★★ 5 Utilise la même technique pour calculer la distance entre 413 et 4 389, puis entre 246 et 4 606.

a) 413 ——————————————— 4 389

....

b) 246 ——————————————— 4 606

....

Passe par des repères faciles comme dans l'exemple.

Corrigés p. 2

....

PROBLÈMES

1 Résoudre des problèmes simples

JE SAIS DÉJÀ

Reconnaitre un texte qui est un énoncé de problème. Repérer les nombres qui vont me permettre de résoudre le problème.

JE COMPRENDS

Certains problèmes sont simples à résoudre. Ils présentent juste les informations nécessaires pour répondre à la question posée. Il suffit alors de trouver la bonne opération pour les résoudre.

CONSEILS PARENTS

Lisez le texte à voix haute avec votre enfant et demandez-lui de surligner d'une couleur la question et d'une autre couleur les nombres qui seront à utiliser dans l'opération.

Pour tous les exercices de cette page, n'oublie pas de faire une **phrase complète** qui répond à la question avant de reporter ton opération et son résultat.

★ **1** Alice travaille pendant ses grandes vacances au centre de loisirs pour enfants. Elle est payée 48 € par jour. Combien a-t-elle gagné pour 27 jours de travail ?

....

★ **2** Michel décide de renouveler son matériel hi-fi. Il achète une minichaine pour 265 € et un meuble pour 134 €. Combien a-t-il dépensé ? ....

....

★ **3** Benjamin voudrait s'acheter un jeu électronique. Celui-ci coute 49 €. Benjamin ne possède que 27 €. Combien lui manque-t-il ? ....

....

★ **4** À l'origine, le cheval était un animal haut de 29 cm. Aujourd'hui, c'est un animal qui mesure, en moyenne, 6 fois plus. Quelle est la hauteur moyenne d'un cheval ?

....

....

★★ **5** Trois frères et sœurs décident de s'acheter un jeune chien berger allemand. Jean donne 79 €, Lise 114 € et Anne 35 €. Quel est le prix du chien ?

....

....

★★ **6** Pour partir aux sports d'hiver, Élise achète 2 gros pulls et une combinaison de ski. Les pulls coutent 23 € chacun et Élise a dépensé 99 € au total. Quel est le prix de la combinaison ? ....

....

....

Corrigés p. 2

....

BRAVO ! Tu as fini le chapitre 1.
Rendez-vous sur le site www.hatier-entrainement.com pour encore plus d'exercices et de conseils !

NUMÉRATION

2 Écrire des nombres (2)

JE SAIS DÉJÀ

Décomposer des nombres jusqu'à 10 000.

JE COMPRENDS

Il existe plusieurs façons d'écrire un nombre.

28 437 peut s'écrire aussi :

- vingt-huit-mille-quatre-cent-trente-sept
- 20 000 + 8 000 + 400 + 30 + 7
- (2 × 10 000) + (8 × 1 000) + (4 × 100) + (3 × 10) + 7

CONSEILS PARENTS

Soyez vigilants sur la façon dont votre enfant forme les chiffres. Ceux-ci doivent être parfaitement lisibles pour éviter toute confusion. Tracez un tableau de numération où chaque colonne exprimera les différentes classes : unités, dizaines, centaines.

★ **1 Écris les nombres suivants sous la forme d'une décomposition additive.**

2 438 = 2 000 + 400 + 30 + 8

a) 14 302 = ...

b) 8 095 = ...

★ **2 Trouve l'écriture la plus courte des nombres suivants.**

a) 30 000 + 8 000 + 60 + 1 = ...

b) 700 000 + 80 000 + 2 000 + 80 = ...

Aide-toi d'un **tableau de numération** pour reporter chaque chiffre dans sa bonne colonne.

★ **3 Écris les nombres suivants sous la forme d'une décomposition multiplicative.**

2 648 = (2 × 1 000) + (6 × 100) + (4 × 10) + 8

a) 72 425 = ...

b) 413 614 = ...

★★ **4 Trouve l'écriture la plus courte des nombres suivants.**

a) (4 × 10 000) + (7 × 1 000) + (3 × 100) + (8 × 10) + 4 = ...

b) (9 × 10 000) + (8 × 1 000) + (7 × 10) + 3 = ...

c) (7 × 1 000) + (6 × 10) + 4 = ...

N'oublie pas de laisser une **espace** entre la classe des mille et celle des unités.

★★ **5 Complète la grille de nombres croisés à l'aide des définitions horizontales. Écris des définitions pour les nombres verticaux.**

A : sept-mille-deux-cent-quarante-et-un

B : (4 × 1 000) + (3 × 10) + 6

C : 3 000 + 40 + 5 D : (87 × 100) + 9

E : ....

F : ....

G : ....

H : ....

	E	F	G	H
A				
B				
C				
D				

Corrigés p. 2

....

2 Les angles

JE SAIS DÉJÀ

Reconnaitre des droites sécantes.

JE COMPRENDS

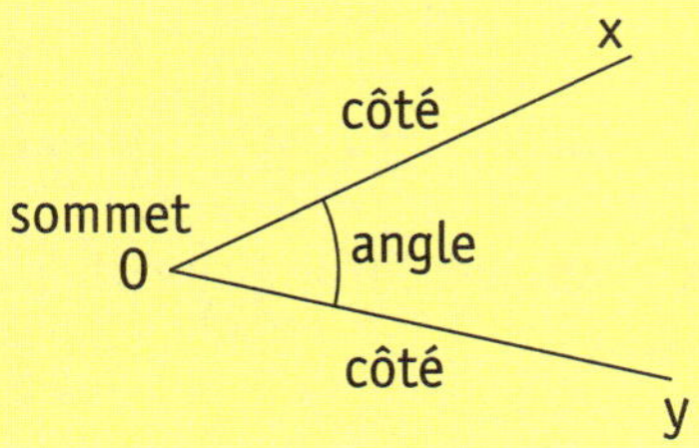

Deux demi-droites partant d'un même point forment un **angle**.

CONSEILS PARENTS

Proposez à votre enfant un matériel de qualité pour travailler : double-décimètre, crayon bien taillé et gomme.

1 **Reproduis l'angle xOy en le décalquant.**

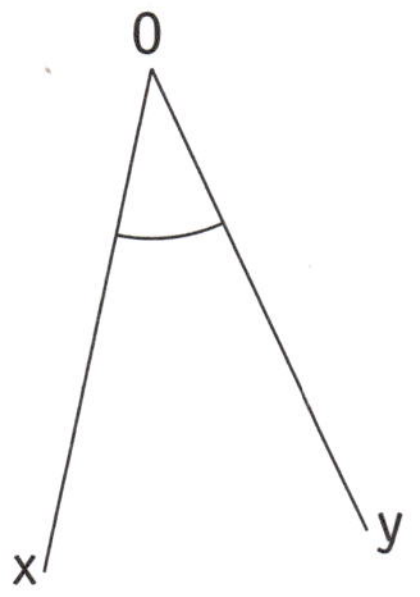

2 **Complète la figure B pour qu'elle soit identique à la figure A.**

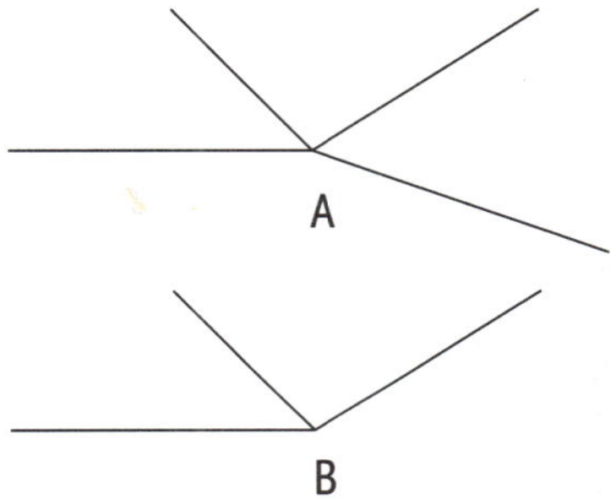

Pour l'exercice 1, utilise du papier-calque.

JE COMPRENDS

La grandeur d'un angle dépend de l'ouverture de ses côtés.

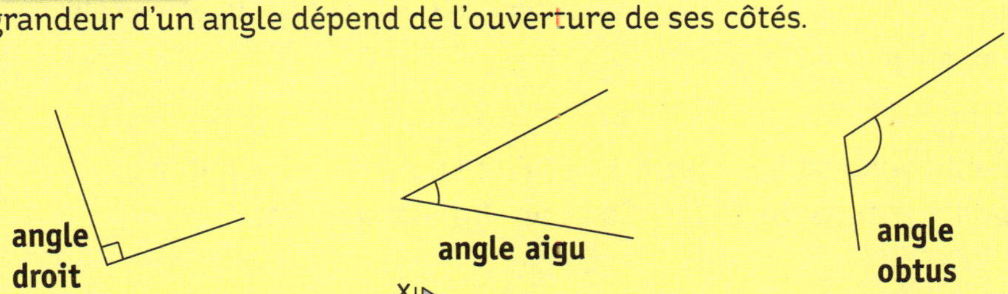

L'équerre sert à reconnaitre un angle droit.

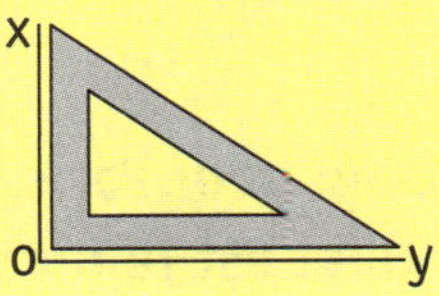

Utilise une équerre pour repérer si les angles sont plus petits ou plus grands qu'un angle droit.

3 **Écris si les angles ci-dessous sont aigus, droits ou obtus.**

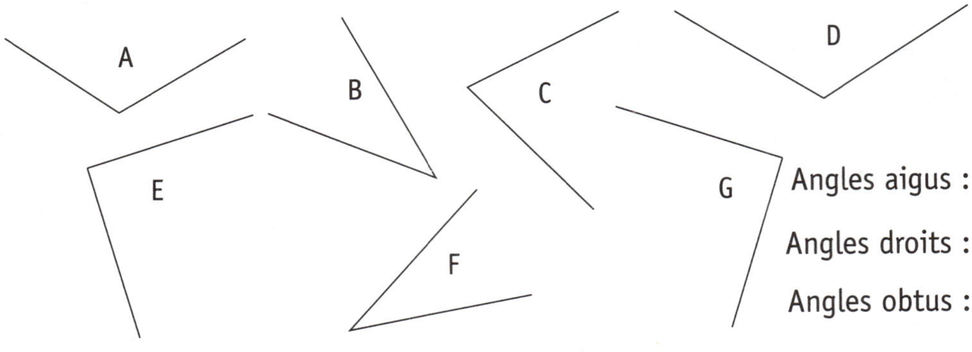

Angles aigus : ....

Angles droits : ....

Angles obtus : ....

Corrigés p. 2

....

La soustraction (1)

JE SAIS DÉJÀ

Effectuer des soustractions en colonne avec ou sans retenues.

JE COMPRENDS

On fait une soustraction pour trouver : une distance ou un écart ; un complément ou ce qui manque ; ce qui reste.

CONSEILS PARENTS

Proposez à votre enfant d'écrire un seul chiffre par carreau sur son cahier. Cela l'aidera à poser l'opération correctement.

★ **1** **Dispose les chiffres 2, 7, 4 et 5 de façon à former le plus grand et le plus petit nombre possible. Puis calcule l'écart entre ces deux nombres.**

a) Le plus grand nombre : .... b) Le plus petit nombre : ....

c) Leur différence : ....

★★ **2** **Les montagnes de France.**

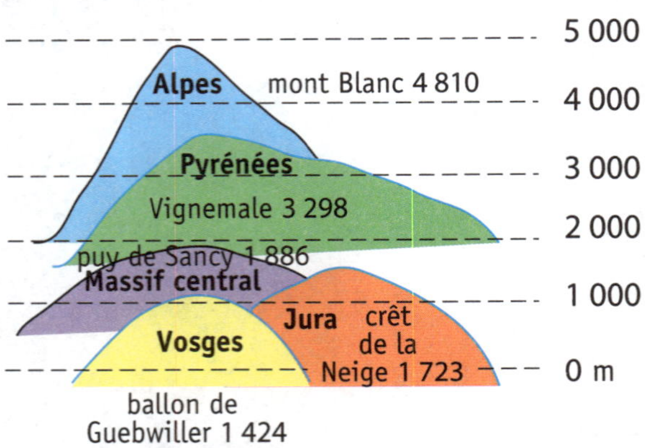

Hauteur des montagnes de France

a) Combien manque-t-il au crêt de la Neige pour être aussi haut que le Vignemale ? ....

b) De combien le mont Blanc dépasse-t-il le puy de Sancy ?

....

c) Quel est l'écart d'altitude entre le ballon de Guebwiller et le Vignemale ?

....

★★ **3** **À la brocante, Isabelle vend sa bicyclette 53 €. Elle souhaite en acheter une autre, plus grande, qui coute 121 €. Combien lui manque-t-il ?**

....

Pour plus de facilités, tu peux utiliser une droite numérique.

★★ **4** **À Tours, 243 voyageurs montent dans le train pour Paris. À Orléans, 65 voyageurs descendent et 98 montent. Quel est le nombre de voyageurs qui descendent à Paris ?**

....

Attention ! Chaque point correspond à un même nombre.

★★ **5** **Complète les cases pour que la somme des 3 nombres situés sur une même ligne, une même colonne, une même diagonale soit toujours la même.**

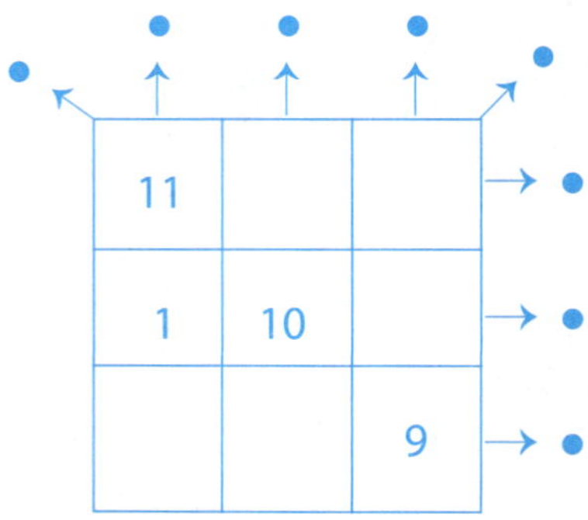

Corrigés p. 2

....

PROBLÈMES

2 Problèmes avec des nombres cachés

JE SAIS DÉJÀ

Reconnaitre un énoncé de problème avec son texte, ses données chiffrées et ses questions.

JE COMPRENDS

Dans certains énoncés, des nombres ne sont pas toujours écrits en chiffres :
- soit parce qu'ils sont écrits en lettres ;
- soit parce qu'ils sont exprimés par des mots comme une semaine, un mois, une dizaine...

CONSEILS PARENTS

Lisez le texte à voix haute avec votre enfant et demandez-lui de surligner les nombres qui seront à utiliser dans l'opération.

Résous chaque problème en retrouvant les informations nécessaires.

★ 1 Frédéric a décidé de profiter de ses vacances pour se maintenir en forme. Chaque jour du mois de juillet, il a fait un parcours de 20 km à vélo. Quelle distance totale a-t-il parcourue ? ....

....

Attention ! Tous les nombres ne sont pas exprimés en chiffres et certaines données sont à chercher.

★ 2 Mariana collectionne les timbres. À la foire aux timbres, elle en revend trente-deux qu'elle avait en double. Il lui en reste 84. Combien avait-elle de timbres quand la foire a commencé ? ....

....

★ 3 Monsieur Lecocq, éleveur de poules pondeuses, vend aussi des œufs directement aux consommateurs. Il en vend, en moyenne, 25 douzaines par jour. Combien vend-il d'œufs en une semaine ? ....

....

Donne la réponse en **euros**.

★★ 4 Au retour de son voyage en Angleterre, il reste à François cent-dix livres sterling. Il les échange à sa banque. Combien reçoit-il si, ce jour-là, la livre vaut 137 centimes d'euro ? ....

....

★★ 5 Sur une classe de 24 élèves, un tiers des élèves restent à l'étude du soir. Il y a deux fois plus d'élèves à la cantine qu'à l'étude. Trouve combien d'élèves :

– restent à l'étude ? ....

– mangent à la cantine ? ....

Corrigés p. 2

....

BRAVO ! Tu as fini le chapitre 2.
Rendez-vous sur le site www.hatier-entrainement.com pour encore plus d'exercices et de conseils !

3 Les grands nombres

JE SAIS DÉJÀ
Lire, dire, écrire les nombres jusqu'à 100 000.

JE COMPRENDS
4 328 730 se lit 4 **millions** 328 **mille** 730.
638 745 200 se lit 638 **millions** 745 **mille** 200.
1 425 812 000 se lit 1 **milliard** 425 **millions** 812 **mille**.

CONSEILS PARENTS
Construisez, avec votre enfant, un tableau de numération comme celui de l'exercice 1, sur une grande feuille. Cela l'aidera à y reporter les nombres de façon bien lisible.

★ **1** **Place les nombres dans le tableau.**

a) 3 millions 436 mille 248
b) 16 millions 708 mille
c) 142 millions 32 mille 43
d) 2 milliards 225 millions

milliards			millions			mille			unités		
c	d	u	c	d	u	c	d	u	c	d	u

N'oublie pas qu'il ne faut reporter qu'un chiffre par colonne.

★ **2** **Écris les nombres de l'exercice 1 en chiffres en respectant l'espace qui sépare chaque classe.**

a) .... b) .... c) .... d) ....

★★ **3** **Quel est :**

a) le plus grand nombre de 8 chiffres ? ....
b) le plus petit nombre de 8 chiffres ? ....
c) le plus grand nombre de 9 chiffres ? ....
d) le plus petit nombre de 9 chiffres ? ....

★★ **4** **Souligne d'un trait le chiffre des unités de millions et de deux traits le chiffre des unités de mille.**

43 728 612 ; 248 613 200 ; 3 270 438 ; 270 328 613

Aide-toi du **tableau de numération** pour lire ces grands nombres.

JE COMPRENDS
On peut raccourcir l'écriture des grands nombres.
738 000 000, c'est 738 millions ou 738 000 milliers.

★ **5** **Écris de deux autres façons.**

a) 42 000 000 : ....
b) 4 000 000 : ....
c) 27 000 000 : ....

Corrigés p. 2-3

....

Utiliser le compas

JE SAIS DÉJÀ

Utiliser un compas pour tracer un cercle : la pointe sèche correspond au centre du cercle, l'écartement des branches correspond au rayon du cercle.

JE COMPRENDS

Le compas est un instrument qui peut servir :

- à prendre une distance et à la reporter ;
- à tracer des cercles ou des arcs de cercle.

CONSEILS PARENTS

Veillez à ce que votre enfant utilise un compas de qualité, avec une mine bien fixée.

1 **Avec ton compas, reporte à partir du point 0, autant de fois que tu le peux, la distance suivante : |———| .**

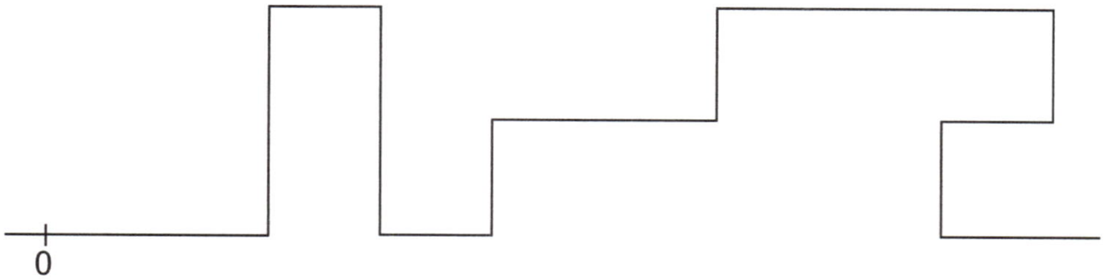

C'est l'écartement de ton compas qui te permet de garder exactement la distance bleue.

2 **Trace un cercle de centre A et de 3 cm de rayon. Garde le même centre A pour tracer un cercle de 4 cm de diamètre.**

× A

Si tu as bien respecté les mesures demandées, tu obtiens **deux cercles concentriques**.

3 **Reproduis la figure suivante en retrouvant d'abord, sur le modèle, les lignes de construction qui ont été effacées.**

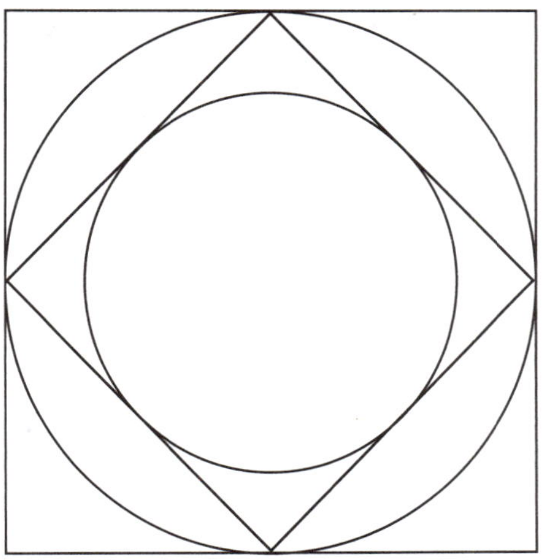

Commence par retrouver le centre des cercles. Utilise un double-décimètre, une équerre et un compas.

Corrigés p. 3

....

CALCUL

3 La soustraction (2)

JE SAIS DÉJÀ

Effectuer des soustractions en colonne avec ou sans retenues.

JE COMPRENDS

Pour faire une soustraction, il faut :
- placer les nombres les uns sous les autres en commençant par le plus grand ;
- aligner en colonnes les chiffres d'un même rang.

```
  c d u
  6 4 9
- 2 3 7
-------
  4 1 2
```

CONSEILS PARENTS

Proposez à votre enfant d'écrire un seul chiffre par carreau sur son cahier. Cela l'aidera à poser l'opération correctement.

★ 1 **Évalue l'ordre de grandeur du résultat, puis effectue les opérations.**

a) 847 – 216 = ... b) 6 384 – 2 162 = ... c) 14 619 – 2 303 = ...

Pour les exercices 1 et 2, pense à bien **aligner** les chiffres de même rang les uns sous les autres.

JE COMPRENDS

Rappelle-toi comment procéder pour les soustractions à retenues.

d	u
6	5
– 2	7
3	8

→ + 10 u →
→ + 1 d →

d	u
6	10 + 5
1 + 2	7
3	8

d	u
6	15
– 3	7
3	8

★ 2 **Évalue l'ordre de grandeur du résultat, puis effectue les opérations.**

a) 2 436 – 282 = ... b) 62 308 – 1 424 = ... c) 356 204 – 24 815 = ...

Tu peux procéder par addition en partant du résultat de la soustraction pour arriver au grand nombre.

★★ 3 **Complète les soustractions.**

```
a)    4 3 8      b)    1 2 4 3      c)    . 4 . 5      d)    . . . .
    – . . .          –   . . .          –   . 8 .          –   6 4 2
    -------          ---------          ---------          ---------
      2 2 5              9 2 7            2 1 1 7            2 4 2 8
```

★★ 4 **Pose les opérations au brouillon et reporte leur résultat ci-dessous.**

a) 6 248 – 937 = ... b) 12 403 – 7 347 = ... c) 328 612 – 47 324 = ...

Attention à bien commencer la soustraction par **le nombre le plus grand**.

★★★ 5 **Chaque nombre ci-dessous correspond à la différence entre un nombre de la ligne a) et un nombre de la colonne b). Trouve à quelle soustraction correspond chaque nombre. Ton résultat correspond à une lettre dans le tableau qui te permettra de découvrir le mot caché.**

8 343 → 8 927 – 584 → D

1 395 → .... → ... 732 → .... → ...

8 059 → .... → ... 8 832 → .... → ...

243 → .... → ... 1 679 → .... → ...

7 897 → .... → ... 12 418 → .... → ...

Le mot caché : ....

b) \ a)	8 643	8 927	13 002	827
584	N	D	E	O
746	S	L	T	M
95	V	U	F	A
7 248	I	R	C	P

Corrigés p. 3

....

3 Problèmes avec des mots-clés

JE SAIS DÉJÀ

Reconnaitre un énoncé de problème avec son texte, ses données chiffrées et ses questions.

JE COMPRENDS

Pauline possède 25 €. Son amie Margot en possède trois fois plus.
Les mots « trois fois plus » te donnent une indication sur l'opération à faire pour trouver ce que possède Margot.
$25 \times 3 = 75$. Margot possède 75 €.

CONSEILS PARENTS

Lisez les énoncés à voix haute avec votre enfant et demandez-lui de surligner les nombres et les mots déclencheurs qui lui permettront de résoudre le problème.

Pour tous les problèmes de cette page, entoure les mots qui t'aident à trouver l'opération à faire et n'oublie pas de présenter ton opération par une phrase.

★ **1** Yves a 9 ans. Son frère Alain a 5 ans de plus que lui. Sa sœur Michèle a 3 ans de plus qu'Alain.

CALCUL MENTAL

Quel est l'âge d'Alain ? ....

Quel est l'âge de Michèle ? ....

★ **2** Un automobiliste va de Versailles à Melun, deux villes distantes de 70 km. Il a déjà fait 27 km quand il s'arrête pour prendre de l'essence.

CALCUL MENTAL

Combien de kilomètres lui reste-t-il à parcourir ?

....

....

★★ **3** Après avoir fait ses courses, il reste 48 € à Audrey. Elle avait emporté 70 €.

CALCUL MENTAL

Quelle somme a-t-elle dépensée ?

....

★ **4** Pour compléter la bibliothèque de la classe, les parents d'élèves offrent 25 livres, la mairie 45. La maitresse en achète 30 et la bibliothécaire en donne 50.

CALCUL MENTAL

Combien de livres la classe reçoit-elle au total ? ....

....

★★ **5** Mario fait son sac à dos pour une randonnée. Il y met une gourde d'eau de 2 kg, un paquet de gâteaux de 125 g, 250 g de raisins secs et son imperméable qui pèse 300 g. Quel est le poids total de son sac si celui-ci, vide, pèse 700 g ?

....

....

Attention ! Pour l'ex. 5, tu ne peux additionner que des nombres exprimés dans la même unité.

Corrigés p. 3

....

BRAVO ! Tu as fini le chapitre 3.
Rendez-vous sur le site www.hatier-entrainement.com pour encore plus d'exercices et de conseils !

NUMÉRATION

4 Dire les nombres

JE SAIS DÉJÀ

Dire les nombres jusqu'à la classe des mille.

JE COMPRENDS

classe des milliards			classe des millions			classe des mille			classe des unités		
c	d	u	c	d	u	c	d	u	c	d	u
		3	4	1	4	2	3	8	6	4	3

Chaque classe est séparée par une espace. 3 414 238 643

On écrit : 3 414 238 643. On dit : 3 **milliards**-quatre-cent-quatorze-**millions**-deux-cent-trente-huit-**mille**-six-cent-quarante-trois.

CONSEILS PARENTS

Soyez attentifs à la façon dont votre enfant respecte l'espace entre les différentes classes de nombres. Utilisez des situations de la vie courante pour faire lire et écrire ces nombres, qui ont des écritures souvent mixtes (chiffres et mots).

★ **1** **Recopie les nombres ci-dessous en les écrivant de façon à séparer les différentes classes :** 323648 ; 18643 ; 136325 ; 1746325 ; 5627812613.

....

★ **2** **Indique le nom de chaque classe.**

a) 648 325

classe des ....

b) 12 845 327

classe des ....

c) 325 732 000

classe des ....

★ **3** **Décompose les nombres ci-dessous en suivant l'exemple.**

42 528 = (42 × 1 000) + (5 × 100) + 20 + 8

a) 82 206 = ...

b) 12 172 = ...

c) 428 537 = ...

d) 1 895 518 = ...

JE COMPRENDS

Tous les nombres de **0 à 999** peuvent se dire avec les mots : zéro, un, deux, trois, quatre, cinq, six, sept, huit, neuf, dix, onze, douze, treize, quatorze, quinze, seize, vingt, trente, quarante, cinquante, soixante et cent.

Avec **mille**, on peut énoncer 999 000 nouveaux nombres. Avec **million**, on peut énoncer 999 000 000 nouveaux nombres. Et ainsi de suite...

Rappelle-toi que *mille* est un **mot invariable**. N'oublie pas les tirets comme dans *quarante-deux*, par exemple.

★ **4** **Lis les nombres suivants à voix haute puis écris-les en lettres.**

a) 12 000 : .... b) 4 038 : ....

c) 123 200 : ....

★★ **5** **Combien de fois utilise-t-on le mot vingt pour compter jusqu'à cent ?** ....

Corrigés p. 3

....

4 Reproduire une figure (1)

JE COMPRENDS

Pour reproduire une figure compliquée, on peut utiliser un papier-calque ou un quadrillage.

CONSEILS PARENTS

Montrez à votre enfant le principe de l'utilisation du papier-calque. Faites-lui faire quelques expériences de cette utilisation avant de commencer les exercices. Proposez-lui toujours du matériel de qualité.

★ **1** **Utilise un papier-calque pour reproduire le dessin.**

★★ **2** **Reproduis le modèle à l'aide du quadrillage.**

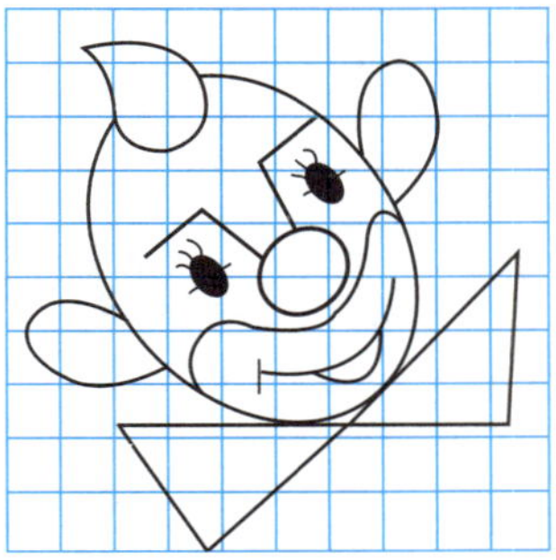

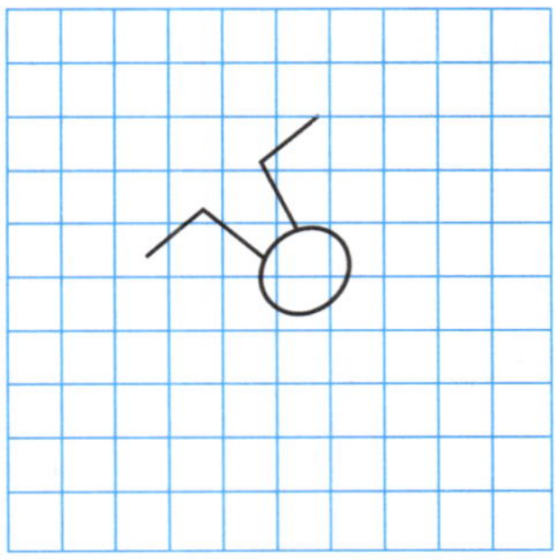

Tu peux **numéroter les cases** des quadrillages pour te repérer plus facilement.

JE COMPRENDS

Pour reproduire une figure géométrique, on utilise :
- une règle pour tracer les traits ;
- une équerre pour construire les angles droits ;
- un compas pour reporter les distances et/ou tracer les cercles.

★★★ **3** **Choisis les bons instruments pour reproduire cette figure.**

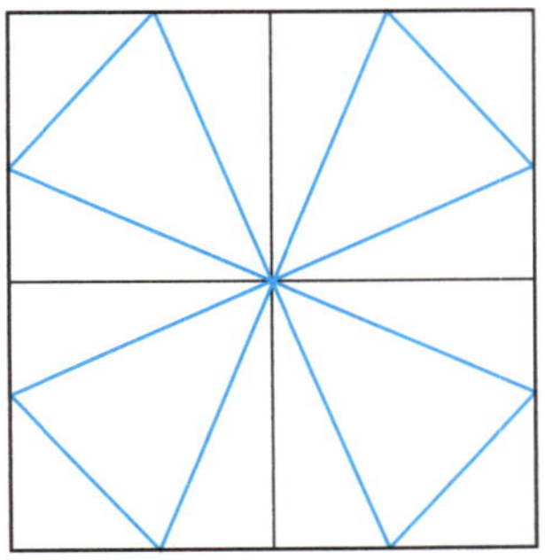

Corrigés p. 3

....

4 La technique de la multiplication

JE SAIS DÉJÀ

Faire des additions. Réciter les tables de multiplication de 2 à 9.

JE COMPRENDS

Pour faire une multiplication vite et juste, il faut parfaitement connaitre les tables de multiplication.

CONSEILS PARENTS

Pour réviser les tables de multiplication, proposez à votre enfant de retrouver le produit de 2 nombres de un chiffre (compris entre 1 et 9). Une fois, c'est vous qui posez la question, la fois suivante c'est à son tour.

★ 1 Vérifie que tu connais tes tables en complétant les tableaux.

CALCUL MENTAL

a)

×	2	3	4	5	6	7	8	9
2								
3								
4								
5								

b)

×	2	3	4	5	6	7	8	9
6								
7								
8								
9								

★ 2 Pour compléter les opérations suivantes, effectue les calculs en ligne.

a) 5 3 2 × 4 = . . 2 .

b) 8 2 7 × 2 = . . . 4

c) 5 2 0 1 × 6 = . . 2 . .

d) 8 4 3 × 5 = . . 1 .

★★ 3 Complète puis vérifie avec ta calculette.

736 × 24 = (736 × 20) + (736 × 4) = 14 720 + 2 944 = 17 664

a) 625 × 13 = (..... × .....) + (..... × .....) = ...

b) 1 214 × 25 = (..... × .....) + (..... × .....) = ...

c) 528 × 67 = (..... × .....) + (..... × .....) = ...

d) 214 × 135 = (..... × .....) + (..... × .....) + (..... × .....) = ...

e) 749 × 248 = (..... × .....) + (..... × .....) + (..... × .....) = ...

JE COMPRENDS

```
    5 2 6
 ×    4 2
 --------
  1 0 5 2   → 526 × 2
2 1 0 4 0   → 526 × 40
 --------
2 2 0 9 2
```

★★ 4 Effectue les multiplications.

```
      5 3 6              4 3 1
 ×      4 5         ×      3 2
 ----------         ----------
 ..........         ..........
 ..........         ..........
 ----------         ----------
a) = ......        b) = ......
```

N'oublie pas de **décaler** d'un chiffre quand tu multiplies par le chiffre des dizaines.

Corrigés p. 3

....

PROBLÈMES

4 Trouver la bonne opération

JE SAIS DÉJÀ

Repérer les mots de l'énoncé qui me font choisir la bonne opération.

JE COMPRENDS

Tu as vu, page 19, que certains mots peuvent aider à trouver la bonne opération. Mais ce n'est pas toujours le cas. Il faut aussi bien lire l'énoncé pour trouver l'opération à faire.

CONSEILS PARENTS

Lisez le texte à voix haute avec votre enfant et demandez-lui de surligner les mots déclencheurs de la bonne opération.

Attention de ne pas te faire piéger par les énoncés de cette page. Réfléchis bien à chaque situation, et indique quelle opération tu dois faire.

★ **1** CALCUL MENTAL

La bibliothèque de l'école a acheté 65 livres. Il y a maintenant 1 520 livres sur les rayons. Combien la bibliothèque comptait-elle de livres avant l'achat ?

....

★ **2** CALCUL MENTAL

Après avoir dépensé 119 € au supermarché, il reste 32 € à Isabelle.

Quelle somme avait-elle emportée ? ....

....

★ **3** CALCUL MENTAL

Alice mesure 1 m 22 cm, c'est-à-dire 58 cm de moins que son papa.

Quelle est la taille de son papa ? ....

....

★ **4** CALCUL MENTAL

Après une partie de billes, Romain a 52 billes, c'est-à-dire 13 de plus que son ami Arnaud. Combien Arnaud a-t-il de billes ? ....

....

★ **5** CALCUL MENTAL

Il y a quelques années, Samuel a acheté un tableau 380 €. Aujourd'hui, ce tableau est estimé à 1 200 €. De combien la valeur du tableau a-t-elle augmenté ?

....

★ **6** CALCUL MENTAL

La tour Taipei à Taïwan mesure 298 m de plus que la tour Montparnasse (210 m) à Paris. Quelle est la hauteur de la tour Taipei ?

....

....

★ **7** CALCUL MENTAL

Martin a 24 ans de différence avec son fils Paul, qui a 4 ans. Quel est l'âge de Martin ?

....

Corrigés p. 3

....

BRAVO ! Tu as fini le chapitre 4.
Rendez-vous sur le site www.hatier-entrainement.com pour encore plus d'exercices et de conseils !

NUMÉRATION

5 Comparer des nombres entiers

JE SAIS DÉJÀ

Lire, dire et écrire les nombres entiers jusqu'à la classe des milliards.

JE COMPRENDS

Lorsque deux nombres entiers n'ont pas le même nombre de chiffres, le plus grand est celui qui a le plus de chiffres.
4 238 > 726

CONSEILS PARENTS

Soyez vigilants à la façon dont votre enfant forme les chiffres. Ceux-ci doivent être parfaitement lisibles pour éviter toute confusion.

★ **1 Entoure le plus petit des deux nombres.**

a) 428 ; 6 245

b) 125 300 ; 48 313

c) 12 327 ; 6 432

d) 437 645 ; 1 238 520

JE COMPRENDS

Pour comparer deux nombres qui ont le même nombre de chiffres, on commence par comparer les chiffres de gauche. S'ils sont identiques, on compare les deux suivants et ainsi de suite.

684 > 524 684 > 642 684 > 681

★ **2 Écris le signe qui convient : > ou <. 7 324 > 998**

a) 485 ...... 8 602

b) 1 000 999

c) 746 786

d) 18 807 ...... 18 817

e) 2 413 ...... 1 612

f) 243 328 ...... 243 317

g) 640 864 ...... 640 869

h) 1 410 548 ...... 1 410 427

Rappel : > veut dire *plus grand que* et < *plus petit que*.

★★ **3 Complète pour que l'inégalité soit juste.**

a) 428 > ....

b) 2 406 < ....

c) 13 413 > ....

d) 241 536 > ....

e) 6 144 208 < ....

f) 7 125 302 > ....

★★ **4 Recopie les nombres suivants en les écrivant dans un ordre croissant.**

4 362 ; 6 243 ; 2 436 ; 4 623 ; 3 426 ; 6 342 ; 3 246 ; 2 364

2 364 ....

Ces nombres ont tous 4 chiffres, commence la comparaison par le chiffre **des unités de mille**.

★ **5 Range ces animaux du plus lourd au plus léger.**

guépard : 57 kg ; alligator : 70 kg ; ours polaire : 325 kg ; sanglier : 140 kg ; lapin : 3 kg ; lion : 200 kg ; élan : 363 kg ; chimpanzé : 68 kg.

....

....

Corrigés p. 3-4

....

GÉOMÉTRIE

5 Reproduire une figure (2)

JE SAIS DÉJÀ

Reproduire une figure à l'aide d'un papier-calque ou d'un quadrillage.

CONSEILS PARENTS

Veillez toujours à ce que votre enfant utilise du matériel de bonne qualité.

Si tu trouves l'exercice difficile, commence par reproduire les figures sur du papier quadrillé avec des carreaux 5 × 5 (petits carreaux).

★★ **1** **Utilise une règle graduée et une équerre pour reproduire les figures a) et b). Les tracés en pointillés sont à gommer à la fin du travail.**

a) 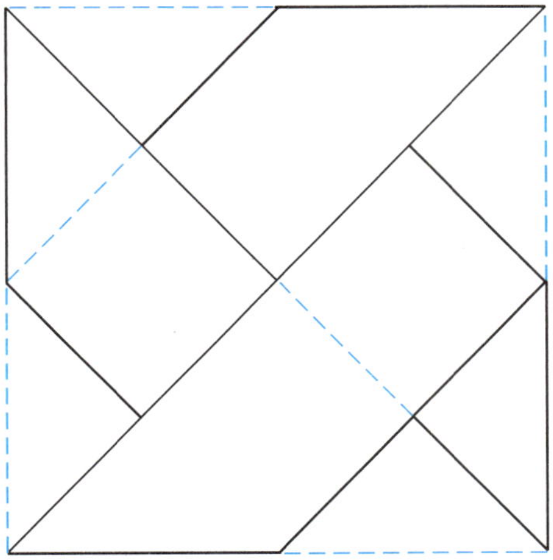

b) 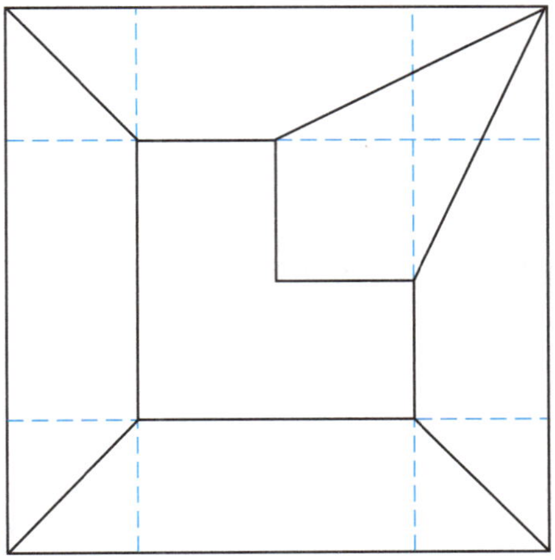

★★★ **2** **À l'aide d'une règle et d'une équerre, construis la figure qui correspond aux consignes suivantes.**

a) Trace un carré de 9 cm de côté.

b) Sur chaque côté, marque un repère tous les 3 cm.

c) Joins ces repères deux à deux, de façon à former un quadrillage.

d) Dans chaque carré, trace une diagonale en alternant son sens d'un carré à l'autre.

e) Colorie à ton idée.

Corrigés p. 4

....

CALCUL 5

Multiplier par 10, 100, 1 000

JE SAIS DÉJÀ
Effectuer des multiplications.

JE COMPRENDS
Pour multiplier un nombre par 10, 100 ou 1 000, il suffit d'écrire un, deux ou trois zéros à la droite de ce nombre.
45 × 10 = 450 45 × 100 = 4 500 45 × 1 000 = 45 000

Sépare bien les tranches de **trois chiffres** dans les résultats que tu as trouvés.

★ 1 Complète.

a) 85 × 10 = ... c) 845 × 100 = ... e) 272 × 1 000 = ...
b) 125 × 10 = ... d) 607 × 100 = ... f) 865 × 1 000 = ...

★ 2 Complète en suivant l'exemple. 736 × 20 = (736 × 2) × 10 = 14 720

a) 324 × 20 = ... c) 472 × 30 = ...
b) 645 × 20 = ... d) 125 × 40 = ...

★ 3 Complète en suivant l'exemple.
215 × 300 = (215 × 3) × 100 = 645 × 100 = 64 500

a) 812 × 300 = ... c) 42 × 500 = ...
b) 631 × 400 = ... d) 58 × 600 = ...

Observe comment tu peux facilement trouver le résultat de la ligne suivante sans refaire la multiplication. Par exemple, 3 = 1 + 2, donc 34 × 3 = 34 + 68.

★★ 4 Complète les répertoires des multiples de 34 et de 52.

CALCUL MENTAL

a)	× 10	× 10
34 × 1 = 34	....	....
34 × 2 = 68	....	....
34 × 3 = ...	....	....
34 × 4 = ...	....	....
34 × 5 = ...	....	....
34 × 6 = ...	....	....
34 × 7 = ...	....	....
34 × 8 = ...	....	....
34 × 9 = ...	....	....

b)	× 10	× 10
52 × 1 = 52	....	....
52 × 2 = ...	....	....
52 × 3 = ...	....	....
52 × 4 = ...	....	....
52 × 5 = ...	....	....
52 × 6 = ...	....	....
52 × 7 = ...	....	....
52 × 8 = ...	....	....
52 × 9 = ...	....	....

N'oublie pas les **zéros** dans le résultat final de l'ex. 5.

JE COMPRENDS

```
    4 3  → 4 300 × 240 = 1 032 000
×   2 4
  1 7 2
  8 6
1 0 3 2
```

Pour calculer **4 300 × 240**, on fait la multiplication sans tenir compte des zéros. Puis on écrit les trois zéros, à la droite du résultat.

★★ 5 Pose les multiplications au brouillon et reporte leur résultat ici.

a) 42 000 × 560 = ...
b) 8 405 × 2 000 = ...
c) 123 000 × 7 600 = ...

Corrigés p. 4

....

PROBLÈMES

5 Trouver toutes les étapes de la résolution

JE SAIS DÉJÀ

Reconnaitre les données chiffrées dans un problème.
Identifier la question.

JE COMPRENDS

Même si dans certains énoncés il n'y a qu'une seule question, il faut, parfois, faire plusieurs opérations pour y répondre.

CONSEILS PARENTS

Faites redire, par votre enfant, « l'histoire » racontée par l'énoncé afin qu'il en perçoive bien les étapes nécessaires aux calculs pour répondre à la question.

Pour tous les problèmes de cette page, repère ce que tu dois savoir avant de pouvoir répondre à la question et écris le nombre d'opérations que tu vas faire.

★ **1** Les 5 classes, de 25 élèves chacune, assistent au spectacle de marionnettes de Noël. Chaque élève paie 4 €. Quelle somme totale paie-t-on au marionnettiste ?

Nombre d'opérations : ....

Réponse : ....

★ **2** Pour ses « portes ouvertes », une association achète 4 cartons de 12 bouteilles de soda, 6 cartons de 6 bouteilles de jus de fruits et 15 bouteilles d'eau. Quel est le nombre total de bouteilles achetées ?

Nombre d'opérations : ....

Réponse : ....

★ **3** Pour fêter son anniversaire, Mélanie achète 50 ballons de baudruche à 12 centimes l'un. Elle possède 6 €. Quelle somme lui reste-t-il après son achat ?

Nombre d'opérations : ....

Réponse : ....

★★ **4** À 10 h, il y a 48 élèves dans le grand bain de la piscine. Les 26 élèves de CE2 en sortent à 10 h 10 et à 10 h 15 les 30 élèves du CM1 y entrent. Combien y a-t-il d'élèves dans l'eau à 10 h 15 ?

Nombre d'opérations : ....

Réponse : ....

★★ **5** Dans son jardin, Jules a trouvé un trésor : 80 pièces d'or de 25 g chacune. Quelle est la valeur de son trésor si 1 kg d'or vaut, à cette époque, 11 000 € ?

Nombre d'opérations : ....

Réponse : ....

Corrigés p. 4

....

BRAVO ! Tu as fini le chapitre 5.
Rendez-vous sur le site www.hatier-entrainement.com pour encore plus d'exercices et de conseils !

NUMÉRATION

6 Multiples simples

JE SAIS DÉJÀ

Réciter les tables de multiplication de 2 à 9.
Lire et écrire les nombres entiers.

JE COMPRENDS

Un nombre terminé par un chiffre **pair** est **multiple de 2**.
Un nombre terminé par 0 est **multiple de 10**.
Un nombre terminé par 0 ou par 5 est **multiple de 5**.

CONSEILS PARENTS
Faites réviser à votre enfant les tables de multiplication par 2, 3 et 5. Vous pouvez reprendre le jeu évoqué dans l'encadré Conseils parents *page 22.*

★ **1** **Quel est le multiple de 10 le plus proche de :**

a) 18 ? .... c) 978 ? ....

b) 57 ? .... d) 396 ? ....

★ **2** **Entoure en vert les multiples de 5.**

90 ; 72 ; 205 ; 830 ; 946

★ **3** **Entoure en rouge les multiples de 20.**

1 200 ; 8 420 ; 3 030 ; 4 003 ; 130 ; 3 780

★★ **4** **Écris les nombres suivants à leur place :**

14 ; 120 ; 18 ; 15 ; 70 ; 35 ; 84 ; 56.

Que peux-tu dire des nombres à la fois multiples de 2 et de 5 ?

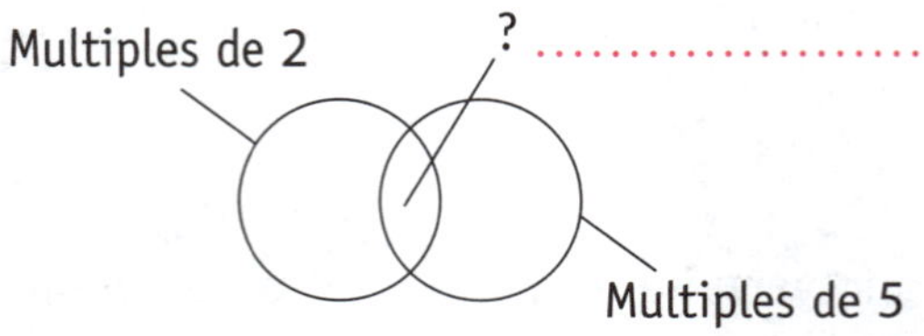

....

Pour avoir plus de place, fais cet exercice sur une feuille en traçant **deux grands cercles** comme ceux de l'exercice.

JE COMPRENDS

Les nombres terminés par 00 ou 50 sont des **multiples de 50**.
Les nombres terminés par 00, 25, 50 et 75 sont des **multiples de 25**.
30, 45, 60, 75, 90... **sont des multiples de 15**.

★★ **5** **Écris les dix premiers multiples de 25, puis entoure en rouge les multiples de 50.**

....

Sers-toi des informations de la leçon.

★★ **6** **Écris les dix premiers multiples de 15.**

....

★★ **7** **Écris les nombres multiples de 50 compris entre 609 et 1 184.**

....

Corrigés p. 4

....

MESURE

6 Mesurer des masses et des capacités

JE SAIS DÉJÀ

Utiliser les mesures de masses et de capacités : le gramme et ses multiples, le litre, ses multiples et ses sous-multiples.

JE COMPRENDS

Voici les unités de masse usuelles exprimées en grammes.

kilogramme	**hecto**gramme	**déca**gramme	gramme
kg	hg	dag	g
1 000 g	100 g	10 g	1

CONSEILS PARENTS

Inspirez-vous de situations de la vie courante pour utiliser ces unités de mesure avec votre enfant : se peser, achats au supermarché, lecture de tickets de caisse indiquant le poids des marchandises achetées, le verre mesureur en cuisine, les étiquettes des bouteilles et des flacons...

★ 1 Entoure la masse qui te parait la plus vraisemblable pour exprimer la masse de chaque objet.

a) un œuf de poule : 700 g ; 70 g ; 7 g.

b) un chou : 850 g ; 85 g ; 8 500 g.

c) une voiture : 80 kg ; 800 kg ; 8 000 kg.

d) une orange : 900 g ; 90 g ; 9 g.

Pour tous les exercices de cette page, utilise des tableaux de conversion comme ceux des leçons.

★★ 2 Complète.

a) 2 kg = ... g

b) 3 kg 500 g = ... g

c) 8 750 g = ... kg ...... g

d) 12 020 g = ... kg ...... g

e) 50 kg = ... g

f) 1 250 g = ... kg .... g

JE COMPRENDS

Voici les unités de capacité usuelles exprimées en litres.

hectolitre	**déca**litre	litre
hl	dal	l
100 l	10 l	1

★ 3 Entoure la capacité qui te parait la plus vraisemblable pour exprimer la contenance de chaque objet.

a) 

1 dal ; 1 l ; 100 l.

b)  25 l ; 250 l ; 250 hl.

c)  105 l ; 15 l ; 1 050 l.

d)  50 l ; 5 hl ; 5 l.

★★ 4 Complète.

a) 5 dal = ... l

b) 3 hl = ... l

c) 40 l = ... dal

d) 600 l = ... hl

e) 70 hl = ... l

f) 5 hl 8 dal = ... l

Corrigés p. 4

....

CALCUL

6 Multiplier avec des zéros intercalés

JE SAIS DÉJÀ

Poser et calculer des multiplications avec plusieurs chiffres au multiplicateur.

JE COMPRENDS

7 3 8	→ 738 × 406 = (738 × 400) + (738 × 6)
× 4 0 6	= (738 × 100 × 4) + (738 × 6) = 295 200 + 4 428
4 4 2 8	→ 738 × 6
2 9 5 2 0 0	→ 738 × 100 × 4
2 9 9 6 2 8	

CONSEILS PARENTS

Proposez à votre enfant d'écrire un seul chiffre par carreau sur son cahier. Cela l'aidera à poser l'opération correctement.

★ **1** **Complète.**

a) 2 436 × 506 = (2 436 × 500) + (......... × ....)

b) 728 × 308 = ...

c) 2 436 × 5 008 = ...

★ **2** **Complète.**

a)	b)	c)
4 2 6	4 2 3 5	5 2 1 2 7
× 2 0 5	× 7 0 4	× 3 0 6
. . . .	. . . . .	. . . . .
. . . 0 0	. . . . . 0 0	. . . . . 0 0
....	....	....

★★ **3** **Pose les multiplications au brouillon et reporte leur résultat ci-dessous.**

a) 643 × 508 = ...

b) 1 245 × 1 003 = ...

c) 27 304 × 509 = ...

d) 438 × 2 006 = ...

e) 512 × 4 007 = ...

f) 318 × 205 = ...

g) 2 508 × 6 003 = ...

h) 7 004 × 301 = ...

Observe bien comment on a procédé dans l'exercice 2. Fais de même en écrivant les zéros intercalés sans oublier de bien les **aligner** avec les chiffres du nombre situé au-dessus.

★★★ **4** **Pose les multiplications au brouillon et reporte leur résultat ci-dessous.**

a) 8 730 × 2 050 = ...

b) 74 000 × 506 = ...

★★ **5** **Vérifie les multiplications et corrige-les si nécessaire.**

a)		b)	
2 4 8 0	2 4 8 0	7 3 8	7 3 8
× 5 0 7	× 5 0 7	× 8 0 0 4	× 8 0 0 4
1 7 3 6		2 9 5 2	
1 2 4 0 .		5 9 0 4 . .	
1 4 1 3 6	....	5 9 3 3 5 2	....

Corrigés p. 4

....

PROBLÈMES

6 Reconstituer des énoncés incomplets

JE SAIS DÉJÀ

Reconnaitre un énoncé de problème avec son texte, ses données chiffrées et ses questions.

CONSEILS PARENTS

Participez avec votre enfant à ce jeu de puzzle où vous serez attentifs à ce qu'il respecte la cohérence de l'histoire et l'ordre de grandeur des données chiffrées.

Pour les problèmes 1 à 4, on te propose des énoncés de problèmes incomplets. Complète-les puis réponds aux questions.

★ **1** Pour terminer le pullover de Jacqueline, sa maman utilise : ..... pelotes de laine à 5 € chacune, ... boutons à 1 € l'un et 2 ...... de ruban à 2 € le mètre.

Combien .... ?

....

★ **2** La classe se rend au musée en .... Chaque carnet de 10 .... coute .... €. On utilise .... pour l'aller et un ticket pour ....

À combien reviendra .... aller et retour des .... élèves de la classe ?

....

★ **3** Bruno a ...... images de football. Luc en a 26 .... que lui. Combien en .... -t-il à Luc pour .... les 200 que compte la collection complète ?

....

★ **4** En .... à l'école, Marie a compté qu'elle faisait 1 845 .... Chacun de ses pas .... en moyenne 60 cm. Quelle .... parcourt-elle pendant ses trajets scolaires si à midi elle .... à la cantine ?

....

On te propose des problèmes résolus. Retrouve les énoncés correspondants.

Rappelle-toi : il faut un énoncé, des informations et une ou des questions pour chaque opération que l'on te propose.

★★ **5** Durée du voyage en train : 22 h 50 min – 20 h 20 min = 2 h 30 min.

Durée totale du voyage : 35 min + 2 h 30 min + 15 min = 3 h 20 min.

....

★★ **6** Somme rapportée par les places de théâtre à 9 € : 9 × 130 = 1 170.

Somme rapportée par les places à 12 € : 12 × 110 = 1 320.

Recette totale de la journée : 1 170 + 1 320 = 2 490 €.

....

Corrigés p. 4-5

....

BRAVO ! Tu as fini le chapitre 6.
Rendez-vous sur le site www.hatier-entrainement.com pour encore plus d'exercices et de conseils !

NUMÉRATION

7 Les fractions (1)

JE COMPRENDS

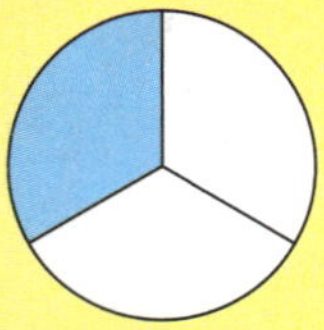

La tarte est partagée en 3 parts égales. Chaque enfant en reçoit $\frac{1}{3}$ **(un tiers)**.

La récréation dure $\frac{1}{4}$ **(un quart)** d'heure.

La petite bouteille de lait contient $\frac{1}{2}$ **(un demi)** litre de lait.

$\frac{1}{3}$, $\frac{1}{4}$, $\frac{1}{2}$ **sont des fractions.**

CONSEILS PARENTS

Donnez à votre enfant des exemples simples dans la vie courante de partages en parts égales, par exemple lors du partage d'une tarte, d'une feuille de papier que l'on coupe en 2, en 4, en 8...

★ **1** **Écris la fraction représentée par la partie colorée.**

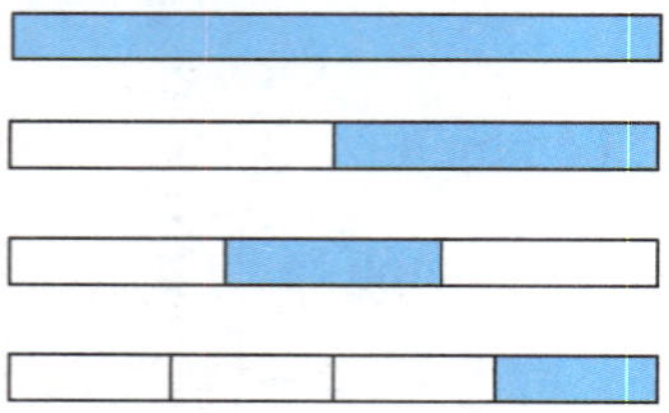

a) .....

b) $\frac{...}{...}$

c) $\frac{...}{...}$

d) $\frac{...}{...}$

★ **2** **En combien de parties doit-on partager une unité pour obtenir :**

a) des demis ? ....

b) des tiers ? ....

c) des quarts ? ....

★ **3** **Au cours d'une randonnée, Pauline a déjà effectué $\frac{1}{4}$ du parcours et son frère Tom $\frac{1}{3}$. Qui est en tête ?**

CALCUL MENTAL

....

....

Pour cet exercice, aide-toi **des bandes** de l'exercice 1.

★ **4** **Audrey doit monter jusqu'au 12e étage. Elle a déjà monté $\frac{1}{4}$ des étages. À quel étage est-elle ?**

CALCUL MENTAL

....

....

Tu peux tracer une bande pour t'aider.

★★ **5** **La classe de CM1 compte 36 élèves. $\frac{1}{3}$ des élèves restent à la cantine et $\frac{1}{4}$ à l'étude du soir.**

CALCUL MENTAL

Représente la situation sur un graphique et écris les nombres correspondants.

Corrigés p. 5

....

Chouette

CM1

9-10 ANS

CYCLE 3

ÉCOLE NOUVEAUX PROGRAMMES PRIMAIRE

Les corrigés

Maths

La maitrise du langage est au cœur des nouveaux programmes. Mieux les enfants manieront la langue, mieux ils repéreront les énoncés et pourront répondre aux questions qui leur sont posées, notamment pour la résolution de problèmes.

Au cycle 3 (CM1, CM2 et 6e), votre enfant continue d'explorer les nombres entiers, commence l'étude des fractions et des nombres décimaux. Il se familiarise avec le vocabulaire et les méthodes qui permettent de caractériser les objets qui nous entourent : formes géométriques, grandeurs et mesures. Il commence à utiliser des représentations variées d'objets (schémas, dessins, maquette), à comprendre et réaliser des tableaux, des graphiques ou des diagrammes.

Hatier

Unité 1

NUMÉRATION p.8

1 70 014 ; 72 403 ; 628 ; 8 403 ; 123 549 ; 2 548.

2 4 275 ; 16 825 ; 13 038 ; 427 ; 6 213 ; 123 613.

3 6 426 ; 10 827 ; 736 213 ; 4 807 ; 12 036 ; 9 324.

4 a) 1 232 ; b) 10 401 ; c) 232 ; d) 21 ; e) 800.

5 a) 6 ; b) 138 ; c) 240 ; d) 90 ; e) 1 852.

6 a) 43 481 ; b) 43 521 ; c) 23 521 ; d) 20 160.

7 83 216.

GÉOMÉTRIE p.9

1 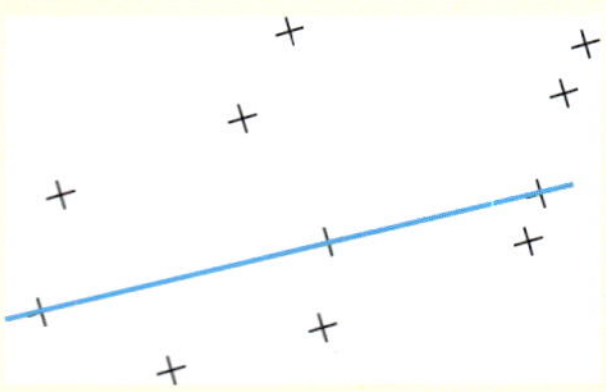

2 3 et 4 Fais vérifier par un adulte.

CALCUL p.10

1 a) 410 ; b) 225 ; c) 305.

2 a) 22 ; b) 23 ; c) 33 ; d) 20 ; e) 15 ; f) 37.

3 a) 1 684 ; b) 14 091 ; c) 14 963 ; d) 14 963.

4 a) 5 3 **5** 4 + **6** 2 **8** = **5** 9 8 2
b) 1 7 3 0 8 + **2 7 4 5** = 2 0 0 5 3
c) 4 3 6 **5** + **1 7** 5 1 = 6 1 **1** 6

5 a) 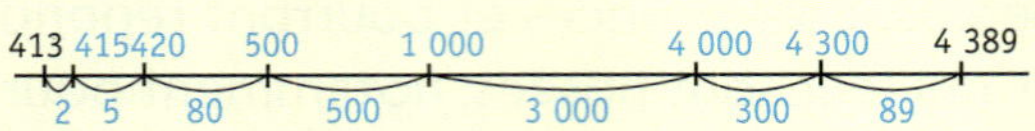

2 + 5 + 80 + 500 + 3 000 + 300 + 89 = 3 976

b) 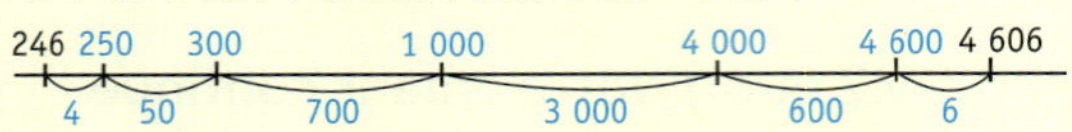

4 + 50 + 700 + 3 000 + 600 + 6 = 4 360

PROBLÈMES p.11

1 1 296 €.

2 399 €.

3 22 €.

4 174 cm ou 1 m 74.

5 228 €.

6 53 €.

Unité 2

NUMÉRATION p.12

1 a) 14 302 = 10 000 + 4 000 + 300 + 2.
b) 8 095 = 8 000 + 90 + 5.

2 a) 38 061 ; b) 782 080.

3 a) 72 425 = (7 × 10 000) + (2 × 1 000) + (4 × 100) + (2 × 10) + 5.
b) 413 614 = (4 × 100 000) + (1 × 10 000) + (3 × 1 000) + (6 × 100) + (1 × 10) + 4.

4 a) 47 384 ; b) 98 073 ; c) 7 064.

5

	E	F	G	H
A	7	2	4	1
B	4	0	3	6
C	3	0	4	5
D	8	7	0	9

E : sept-mille-quatre-cent-trente-huit.
F : (2 × 1 000) + 7.
G : 4 000 + 300 + 40.
H : (16 × 100) + 59.

GÉOMÉTRIE p.13

1 2 Fais vérifier par un adulte.

3 Angles droits : E et G ; angles aigus : B, F et C ; angles obtus : A et D.

CALCUL p.14

1 a) 7 542 ; b) 2 457 ; c) 5 085.

2 a) 1 575 m ; b) 2 924 m ; c) 1 874 m.

3 68 €.

4 276.

5 Diagonales : 30 ; colonnes : **30** ; **30** ; **30** ; diagonale : **30**

11	**17**	**2**	→ **30**
1	10	**19**	→ **30**
18	**3**	9	→ **30**
↑ **30**	↑ **30**	↑ **30**	

PROBLÈMES p.15

1 620 km.

2 116.

3 2 100.

4 150,70 €.

5 8 ; 16.

Unité 3

NUMÉRATION p.16

1

	milliards			millions			mille			unités		
	c	d	u	c	d	u	c	d	u	c	d	u
a)						3	4	3	6	2	4	8
b)					1	6	7	0	8	0	0	0
c)				1	4	2	0	3	2	0	4	3
d)			2	2	2	5	0	0	0	0	0	0

2 a) 3 436 248 ; b) 16 708 000 ;
c) 142 032 043 ; d) 2 225 000 000.

3 a) 99 999 999 ; b) 10 000 000 ;
c) 999 999 999 ; d) 100 000 000.

4 43 728 612 ; 248 613 200 ; 3 270 438 ; 270 328 613.

5 a) 42 millions ou 42 000 milliers. b) 4 millions ou 4 000 milliers.
c) 27 millions ou 27 000 milliers.

GÉOMÉTRIE p.17

1 On peut reporter 20 fois la distance de 13 mm.

2 Fais vérifier par un adulte.

3

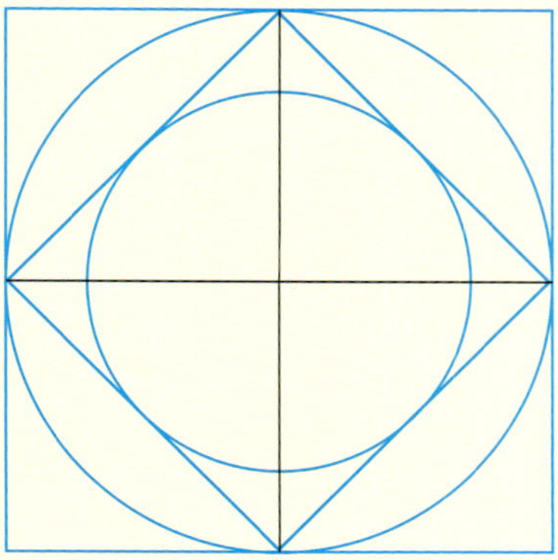

CALCUL p.18

1 a) 631 ; b) 4 222 ; c) 12 316.

2 a) 2 154 ; b) 60 884 ; c) 331 389.

3
a)
  4 3 8
− 2 1 3
= 2 2 5

b)
  1 2 4 3
−   3 1 6
=   9 2 7

c)
  2 4 0 5
−   2 8 8
= 2 1 1 7

d)
  3 0 7 0
−   6 4 2
= 2 4 2 8

4 a) 5 311 ; b) 5 056 ; c) 281 288.

5 DINOSAURE.

PROBLÈMES p.19

1 Alain : 14 ans ; Michèle : 17 ans.

2 43 km. 3 22 €. 4 150. 5 3 kg 375 g.

Unité 4

NUMÉRATION p.20

1 323 648 ; 18 643 ; 136 325 ; 1 746 325 ;
5 627 812 613.

2

a)	classe des	648 mille	325 unités	
b)	classe des	12 millions	845 mille	327 unités
c)	classe des	325 millions	732 mille	000 unités

3 a) 82 206 = (82 × 1 000) + (2 × 100) + 6.
b) 12 172 = (12 × 1 000) + 100 + 70 + 2.
c) 428 537 = (428 × 1 000) + (5 × 100) + 30 + 7.
d) 1 895 518 = (1 × 1 000 000) + (8 × 100 000) + (9 × 10 000) + (5 × 1 000) + (5 × 100) + (1 × 10) + 8.

4 a) douze-mille ; b) quatre-mille-trente-huit ;
c) cent-vingt-trois-mille-deux-cents.

5 30 fois.

GÉOMÉTRIE p.21

Fais vérifier par un adulte.

CALCUL p.22

1 a)

×	2	3	4	5	6	7	8	9
2	**4**	**6**	**8**	**10**	**12**	**14**	**16**	**18**
3	**6**	**9**	**12**	**15**	**18**	**21**	**24**	**27**
4	**8**	**12**	**16**	**20**	**24**	**28**	**32**	**36**
5	**10**	**15**	**20**	**25**	**30**	**35**	**40**	**45**

b)

×	2	3	4	5	6	7	8	9
6	**12**	**18**	**24**	**30**	**36**	**42**	**48**	**54**
7	**14**	**21**	**28**	**35**	**42**	**49**	**56**	**63**
8	**16**	**24**	**32**	**40**	**48**	**56**	**64**	**72**
9	**18**	**27**	**36**	**45**	**54**	**63**	**72**	**81**

2 a) 2 128 ; b) 1 654 ; c) 31 206 ; d) 4 215.

3 a) (625 × 10) + (625 × 3) = 6 250 + 1 875 = 8 125.
b) (1 214 × 20) + (1 214 × 5) = 24 280 + 6 070 = 30 350.
c) (528 × 60) + (528 × 7) = 31 680 + 3 696 = 35 376.
d) (214 × 100) + (214 × 30) + (214 × 5) = 21 400 + 6 420 + 1 070 = 28 890.
e) (749 × 200) + (749 × 40) + (749 × 8) = 149 800 + 29 960 + 5 992 = 185 752.

4 a) 24 120 ; b) 13 792.

PROBLÈMES p.23

1 Soustraction ; 1 455.

2 Addition ; 151 €.

3 Addition ; 1 m 80.

4 Soustraction ; 39 billes.

5 Soustraction ; 820 €.

6 Addition ; 508 m.

7 Addition ; 28 ans.

Unité 5

NUMÉRATION p.24

1 a) 428 ; b) 48 313 ; c) 6 432 ; d) 437 645.

2 a) 485 < 8 602 ; b) 1 000 > 999 ; c) 746 < 786 ;

d) 18 807 < 18 817 ; e) 2 413 > 1 612 ; f) 243 328 > 243 317 ; g) 640 864 < 640 869 ; h) 1 410 548 > 1 410 427.

3 *Des exemples de réponse :* a) 428 > 420 ; b) 2 406 < 2 500 ; c) 13 413 > 13 400 ; d) 241 536 > 241 530 ; e) 6 144 208 < 6 144 210 ; f) 7 125 302 > 7 125 300.

4 2 364 ; 2 436 ; 3 246 ; 3 426 ; 4 362 ; 4 623 ; 6 243 ; 6 342.

5 élan ; ours ; lion ; sanglier ; alligator ; chimpanzé ; guépard ; lapin.

GÉOMÉTRIE

p.25

1 Fais vérifier par un adulte.

2 

CALCUL

p.26

1 a) 850 ; b) 1 250 ; c) 84 500 ; d) 60 700 ; e) 272 000 ; f) 865 000.

2 a) (324 × 2) × 10 = 6 480 ; c) (472 × 3) × 10 = 14 160 ; b) (645 × 2) × 10 = 12 900 ; d) (125 × 4) × 10 = 5 000.

3 a) (812 × 3) × 100 = 243 600 ; c) (42 × 5) × 100 = 21 000 ; b) (631 × 4) × 100 = 252 400 ; d) (58 × 6) × 100 = 34 800.

4

		× 10	× 10
a)	34 × 1 = 34	340	3 400
	34 × 2 = 68	680	6 800
	34 × 3 = **102**	**1 020**	**10 200**
	34 × 4 = **136**	**1 360**	**13 600**
	34 × 5 = **170**	**1 700**	**17 000**
	34 × 6 = **204**	**2 040**	**20 400**
	34 × 7 = **238**	**2 380**	**23 800**
	34 × 8 = **272**	**2 720**	**27 200**
	34 × 9 = **306**	**3 060**	**30 600**
b)	52 × 1 = 52	520	5 200
	52 × 2 = **104**	**1 040**	**10 400**
	52 × 3 = **156**	**1 560**	**15 600**
	52 × 4 = **208**	**2 080**	**20 800**
	52 × 5 = **260**	**2 600**	**26 000**
	52 × 6 = **312**	**3 120**	**31 200**
	52 × 7 = **364**	**3 640**	**36 400**
	52 × 8 = **416**	**4 160**	**41 600**
	52 × 9 = **468**	**4 680**	**46 800**

5 a) 23 520 000 ; b) 16 810 000 ; c) 934 800 000.

PROBLÈMES

p.27

1 2 opérations ; 25 × 5 = 125. 125 × 4 = 500 €.

2 3 opérations ; 12 × 4 = 48. 6 × 6 = 36. 48 + 36 + 15 = 99.

3 2 opérations ; 50 × 12 = 600 c ou 6 €.
Il ne lui reste plus d'argent.

4 2 opérations ; 48 – 26 = 22. 22 + 30 = 52.

5 2 opérations ; 25 × 80 = 2 000 g ou 2 kg. 11 000 × 2 = 22 000 €.

Unité 6

NUMÉRATION

p.28

1 a) 20 ; b) 60 ; c) 980 ; d) 400.

2 (90) ; 72 ; (205) ; (830) ; 946.

3 (1 200) ; (8 420) ; 3 030 ; 4 003 ; 130 ; (3 780).

4 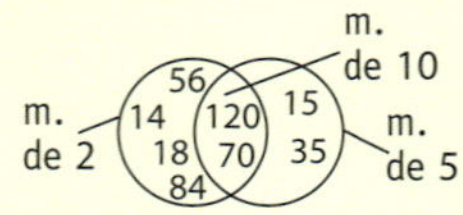

Les multiples à la fois de 2 et de 5 sont multiples de 10.

5 (50) ; 75 ; (100) ; 125 ; (150) ; 175 ; (200) ; 225 ; (250) ; 275.

6 30 ; 45 ; 60 ; 75 ; 90 ; 105 ; 120 ; 135 ; 150 ; 165.

7 650 ; 700 ; 750 ; 800 ; 850 ; 900 ; 950 ; 1 000 ; 1 050 ; 1 100 ; 1 150.

MESURE

p.29

1 a) 70 g ; b) 850 g ; c) 800 kg ; d) 90 g.

2 a) 2 000 g ; b) 3 500 g ; c) 8 kg 750 g. d) 12 kg 20 g ; e) 50 000 g ; f) 1 kg 250 g.

3 a) 1 l ; b) 250 hl ; c) 105 l ; d) 5 l.

4 a) 50 l ; b) 300 l ; c) 4 dal ; d) 6 hl ; e) 7 000 l ; f) 580 l.

CALCUL

p.30

1 a) (2 436 × 500) + (2 436 × 6)
b) (728 × 300) + (728 × 8) c) (2 436 × 5 000) + (2 436 × 8)

2

```
      4 2 6            4 2 3 5           5 2 1 2 7
  ×   2 0 5        ×     7 0 4       ×       3 0 6
    2 1 3 0          1 6 9 4 0         3 1 2 7 6 2
    8 5 2 0 0      2 9 6 4 5 0 0     1 5 6 3 8 1 0 0
a) = 8 7 3 3 0   b) = 2 9 8 1 4 4 0   c) = 1 5 9 5 0 8 6 2
```

3 a) 326 644 ; b) 1 248 735 ; c) 13 897 736 ; d) 878 628 ; e) 2 051 584 ; f) 65 190 ; g) 15 055 524 ; h) 2 108 204.

4 a) 17 896 500 ; b) 37 444 000.

5

```
          2 4 8 0                  7 3 8
  ×         5 0 7          ×     8 0 0 4
        1 7 3 6 0                2 9 5 2
      1 2 4 0 0            5 9 0 4
a) = 1 2 5 7 3 6 0     b) = 5 9 0 6 9 5 2
```

PROBLÈMES

p.31

1 *Par ex.* 6 ; *par ex.* 4 ; *par ex.* 2 m ; Combien coute le pullover ? Réponse : 38 €.

2 *Par ex.* autobus ; *par ex.* tickets ; *par ex.* 4,50 € ; *par ex.* 1 ticket ; le retour ; *par ex.* l'aller et retour des 30 élèves. Réponse : 27 €.

3 *Par ex.* 25 ; *par ex.* de plus ; manque ; posséder. Réponse : 149.

4 allant ; pas ; mesure ; distance ; déjeune.
Réponse : 2 214 m ou 2 km 214.

5 *Par ex.* Jeanne doit arriver à la gare 15 min avant le départ du train. Elle met 35 min pour se rendre à la gare. Le train part à 20 h 20 et arrive à 22 h 50. Quelle est la durée du voyage ?

6 *Par ex.* Pour une représentation théâtrale, il a été vendu 130 places à 9 € et 110 places à 12 €. Quel est le montant total de la recette ?

Unité 7

NUMÉRATION p.32

1 a) 1 ; b) $\frac{1}{2}$; c) $\frac{1}{3}$; d) $\frac{1}{4}$.

2 a) En deux ; b) en trois ; c) en quatre.

3 Tom.

4 Au 3e étage.

5 Élèves restant à la cantine :

$\frac{1}{3}$ → 12 élèves

Élèves restant à l'étude :

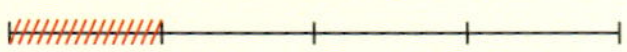

$\frac{1}{4}$ → 9 élèves

MESURE p.33

1 a) km/h ; b) m ; c) cm ; d) cm.

2

	200 cm	2 000 m	2 m	20 000 m
2 km		X		
2 m	X		X	
20 km				X
200 cm	X		X	

3 a) 3 045 m ; b) 56 m ; c) 5 500 m ; d) 635 cm ; e) 468 mm ; f) 458 mm.

4 a) 25 cm ; b) 262 m ; c) 954 m ; d) 750 m ou 75 dam.

5 a) 86 cm 7 mm = 867 mm ; b) 43 hm 4 dam = 434 dam ; c) 506 dam 3 m = 5 063 m.

CALCUL p.34

1 243 = 486 : 2.

2 7.

3 80 en seconde classe et 48 en première classe.

4 7.

5 On ne peut pas savoir car les livres sont différents.

6 On ne sait pas. Cela dépend des voitures.

PROBLÈMES p.35

1 a) 1900 à 2012 ; b) 9 ; c) Cyclone, ouragan, tempête ; d) 1 % e) Cyclone, ouragan, tempête – inondation – feu de forêt – vague de froid – avalanche – sécheresse – vague de chaleur – séisme et raz de marée.

2 a) juin ; b) décembre ; c) environ 16 °C ; d) environ 6 °C ; e) avril et mai.

Unité 8

NUMÉRATION p.36

1 $\frac{1}{4}$; $\frac{1}{2}$; $\frac{1}{3}$; $\frac{1}{6}$.

2 a)

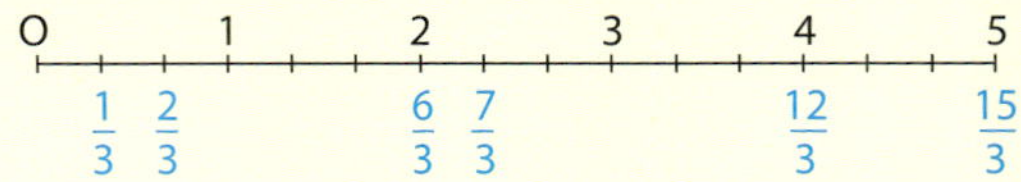

b) $\frac{1}{3}$; $\frac{2}{3}$. c) $\frac{6}{3} = 2$; $\frac{12}{3} = 4$; $\frac{15}{3} = 5$. d) $\frac{1}{3}$; $\frac{2}{3}$; $\frac{6}{3}$; $\frac{7}{3}$; $\frac{12}{3}$; $\frac{15}{3}$.

3 a) 2 ; b) 6 ; c) 7 ; d) 4 ; e) 1 ; f) 2

MESURE p.37

1 [AB] = 4 cm ; [CD] = 2 cm 5 ; [EF] = 5 cm 2 ; [GH] = 4 cm 7.

2 Fais vérifier par un adulte.

3 Le segment c.

4 a) A - C - E - D - B. b) Fais vérifier par un adulte.

CALCUL p.38

1

Divid.	Divis.	Encadrement	Nbe de chiffres quot.
33 525	18	**18 × 1 000 < 33 525 < 18 × 10 000**	4
7 436	125	**125 × 10 < 7 436 < 125 × 100**	2
843 123	512	**512 × 1 000 < 843 123 < 512 × 10 000**	4
12 437	4 325	**4 325 × 1 < 12 437 < 4 325 × 10**	1

2 a) 38 × 100 < 7 321 < 38 × 1 000. 3 chiffres au quotient.
b) 25 × 10 < 614 < 25 × 100. 2 chiffres au quotient.
c) 84 × 1 < 548 < 84 × 10. 1 chiffre au quotient.
d) 127 × 100 < 24 310 < 127 × 1 000. 3 chiffres au quotient.

3 a) 2 ; b) 4 ; c) 3 ; d) 1.

4

Divid.	Divis.	Nbe de chiffres du quot.	Encadrement du dividende	Encadrement du quotient
512	34	2	340 < 512 < 680	10 < q < 20
7 337	34	3	6 800 < 7 337 < 10 200	200 < q < 300
925	52	2	520 < 925 < 1 040	10 < q < 20
12 513	52	3	10 400 < 12 513 < 15 600	200 < q < 300

PROBLÈMES p.39

1 Combien possèdent-ils à eux deux ? 149 €. Réponse : 140 €.

2 Combien de timbres possède Mathilde ? 252. Réponse : 63.

3 Quelle est la part de chacun après la cueillette ? 3 kg. Réponse : 6 kg.

4 Combien de cahiers possède le maitre ? 100. Combien faut-il de cahiers pour les élèves ? 180. Réponse : 80.

5 Combien de billes possèdent les deux garçons ? 70. Réponse : 48.

Unité 9

NUMÉRATION p.40

1 A : 12,2 ; B : 13,7 ; C : 14,1 ; D : 14,8.

2 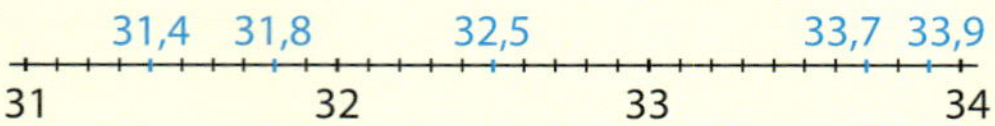

3 a) 25 unités 3 dixièmes = 253 dixièmes.
b) 736 unités 9 dixièmes = 7 369 dixièmes.

4 a) $76 + \left(2 \times \frac{1}{10}\right)$; b) $68 + \left(5 \times \frac{1}{10}\right)$;
c) $30 + \left(7 \times \frac{1}{10}\right)$; d) $46 + \left(9 \times \frac{1}{10}\right)$.

5 a) 325,5 ; b) 38,5 ; c) 10,5 ; d) 0,5.

GÉOMÉTRIE p.41

1 Quadrilatères coloriés : C : rectangle ; D : parallélogramme ; H : losange ; J et L : trapèzes ; K : carré.

2 C - E - K - L

3 Le carré.

4 Le rectangle.

5 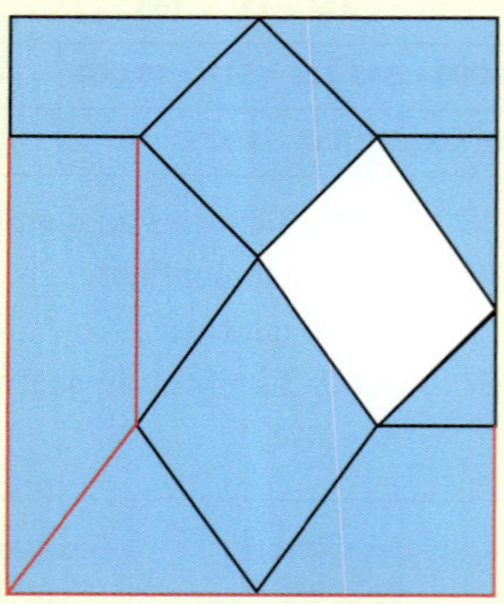

CALCUL p.42

1 a) 54 ; b) 145 ; c) 49 ; d) 132.

2 a) 5 ; b) 843 ; c) 50.

3 a) 3 ; b) 5 ; c) 35 ; d) 74 ; e) 302 ; f) 208.

4 8.

5 8 €.

6 a) juste ; b) 146, reste 22 ; c) juste ; d) juste.

PROBLÈMES p.43

1 14 €.

2 farine : 520 g, sucre : 130 g.

3 4 800 g.

4 576 €.

Unité 10

NUMÉRATION p.44

1 A : 48,14 ; B : 48,27 ; C : 48,33 ; D : 48,39.

2 

3 2,04 ; 2,4 ; 2,45 ; 2,48 ; 12 ; 12,05 ; 12,5 ; 12,55.

4 a) 408 unités et 35 centièmes = 408 unités 3 dixièmes 5 centièmes.
b) 4 unités et 7 centièmes.

5 a) $40 + \left(1 \times \frac{1}{10}\right) + \left(8 \times \frac{1}{100}\right) = 40 + (1 \times 0,1) + (8 \times 0,01)$.
b) $121 + \left(5 \times \frac{1}{10}\right) + \left(3 \times \frac{1}{100}\right) = 121 + (5 \times 0,1) + (3 \times 0,01)$.
c) $73 + \left(8 \times \frac{1}{100}\right) = 73 + (8 \times 0,01)$.

GÉOMÉTRIE p.45

1 Losange ou carré.

2 Trapèze.

3 Carré ou rectangle.

4 Carré ou rectangle.

5 Triangle rectangle.

CALCUL p.46

1 a) 179,6 ; b) 63.

2 a) 416,8 ; b) 874.

3 a) 413,3 ; b) 49,8.

4 a) 36,9 ; b) 358,1.

5 a) 438,8 ; b) 7 924,3 ; c) 554,3 ; d) 644,7.

6

a	b	a + b	a − b
614,8	87,9	**702,7**	**526,9**
320,2	292,4	**612,6**	**27,8**
327,1	**281,7**	608,8	**45,4**

PROBLÈMES p.47

1 113 kg.

2 646 m.

3 5 000 €.

4 3 759 €.

5 17 625 €.

6 22,31 €.

Unité 11

NUMÉRATION p.48

1 a) 0,1 ; b) 0,3 ; c) 4,3 ; d) 84,3.

2 a) 0,75 ; b) 1,43 ; c) 14,12 ; d) 8,27.

3 a) 9/10 + 4/100 = 0,9 + 0,04 = 0,94 ;
b) 2/10 + 7/100 = 0,2 + 0,07 = 0,27 ;
c) 4/10 + 8/100 = 0,4 + 0,08 = 0,48.

4 a) 2u + 1/10 + 4/100 = 2 + 0,1 + 0,04 = 2,14
b) 8u + 2/10 + 7/100 = 8 + 0,2 + 0,07 = 8,27
c) 6u + 1/10 + 8/100 = 6 + 0,1 + 0,08 = 6,18
d) 4u + 7/10 + 2/100 = 4 + 0,7 + 0,02 = 4,72.

5 a) 2,25 ; b) 5,2 ; c) 6,75 ; d) 9,25.

6 a) 2,4 ; b) 1,9 ; c) 2,7 ; d) 10,4.

GÉOMÉTRIE p.49

1 Colorier en rouge : a, b, c, e, g, h.
Colorier en vert : d, f.

2 a) pavé : 6 rectangles. b) prisme : 2 triangles et 3 rectangles.
c) tétraèdre : 4 triangles semblables.

3 a) 8 boules, 12 pailles ; b) 5 boules, 8 pailles ;
c) 9 boules, 16 pailles.

CALCUL p.50

1 a) 765,78 ; b) 571,72.

2 a) 1 055,15 ; b) 653,57.

3 a) 511,13 ; b) 405,56.

4 a) 11 723,07 ; b) 694,14.

5 a) 361,73 ; b) 379,18 ; c) 911,28 ; d) 778,43.

6 a) 48,58 + 27,73 = 76,31.
b) 10,38 + 27,94 = 38,32.

PROBLÈMES p.51

1 5 760 litres.

2 eau : de 1 800 à 2 250 litres ; herbe : 1 800 kg ;
granulés : de 15 à 60 kg.

3 875 g.

4 246 litres.

Unité 12

NUMÉRATION p.52

1 a) 9 < 9,42 < 10 ; b) 405 < 405,67 < 406 ;
c) 63 < 63,5 < 64 ; d) 0 < 0,61 < 1

2 a) > ; b) < ; c) > ; d) > ; e) < ; f) <.

3 2,42 ; 3 ; 4,36 ; 5,28 ; 6 ; 7,4 ; 8,42 ; 9,28.

4 16,27 ; 16 ; 13,87 ; 13,8 ; 12 ; 11,4 ; 1,6 ; 1,14.

5 5,08 ; 5,2 ; 5,27 ; 5,29 ; 5,3 ; 5,34 ; 5,6.

6 a) rouge : 7,88 ; vert : 7,08.
b) rouge : 10,21 ; vert : 10,01.
c) rouge : 2,41 ; vert : 2,31.
d) rouge : 8,85 ; vert : 8,48.

7 a) manque 0,75 pour faire 13.
b) manque 0,5 pour faire 100.
c) manque 0,38 pour faire 2.
d) manque 0,98 pour faire 16.

GÉOMÉTRIE .... p. 53

1
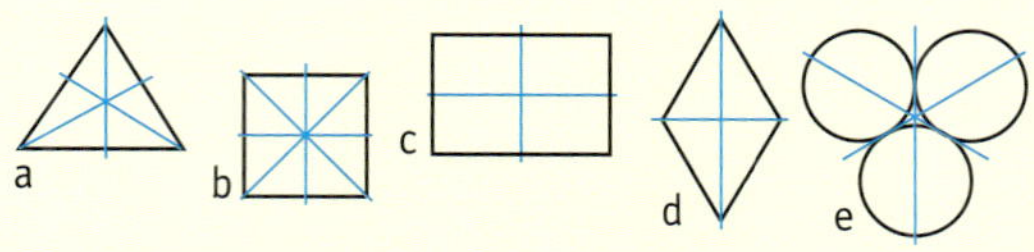

2 b.

3
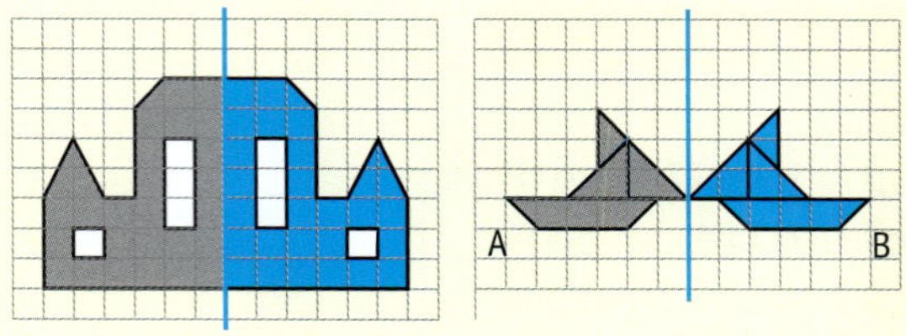

CALCUL p.54

1 a) 9,8 ; b) 9,92 ; c) 59,375.

2 a) 35,28 ; b) 23,4 ; c) 36,2.

3 a) 26,8 ; b) 31,8 ; c) 54,8.

4 a) 8,11111... ; b) 6,454545... ; c 41,5555...

C'est toujours le même reste qui se répète, il donnera donc toujours le même chiffre au quotient.

PROBLÈMES p.55

1 De 31,484 à 33,336 km/h.

2 660 à 1 080 hommes.

3 442 tonnes.

4 A : 61 ; B : 4 ; C : 116 ; D : 1 200 ; E : 4 800 ;
F : 5 000 ; G : 8.

Unité 13

NUMÉRATION p.56

1 a) 8,4 cm ; b) 6,3 m ; c) 466,5 dm ; d) 4,06 dm ;
e) 3,51 hm ; f) 4,5 dam.

2 a) 3,5 m ; b) 0,25 m ; c) 1 500 m ; d) 500 m ;
e) 4,5 m ; f) 2,5 m.

3 a) 85,43 hm ; b) 24,810 km ; c) 33 173 cm ; d) 3,675 km.

4 a) 4,3 kg ; b) 58,5 dag ; c) 270,05 hg ; d) 6,08 hg ; e) 450 dg ; f) 0,45 hg.

5 a) 48 hg ; b) 643 g ; c) 38 dag ; d) 7 hg ; e) 435 dg ; f) 84 g.

6 720 cm ou 7,2 m.

GÉOMÉTRIE p.57

1 Fais vérifier par un adulte.

2 Patrons de cubes.

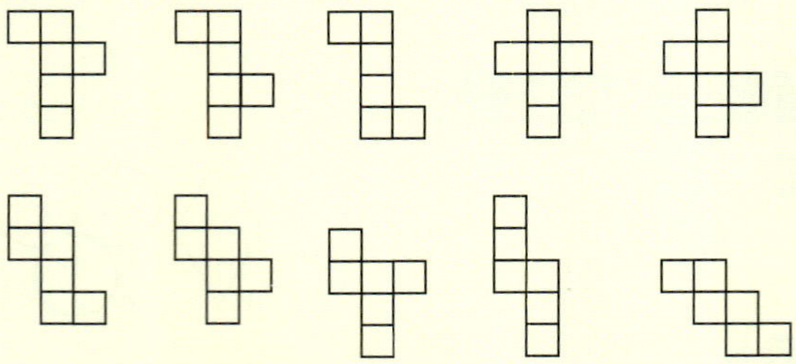

CALCUL p.58

1 a) 79,99 ; b) 962,37.

2 a) 1 414,22 ; b) 1 159,06.

3 a) 771,04 ; b) 28,83.

4 a) 921,45 ; b) 255,3.

5 a) 1 422,32 ; b) 23,69 ; c) 716,12 ; d) 718,13.

6 6,5 + 8,2 + 2,3 = 17 ; 3,75 + 1,05 + 1,20 = 6
1,7 + 2,2 + 1,1 = 5 ; 4,51 + 2,09 + 2,4 = 9.

PROBLÈMES p.59

1 64 jours.

2 13 200 000 km^2.

3 a) 21 900 km.
b) 668 m.

Unité 14

NUMÉRATION p.60

1 a) 12 h 45 ; b) 3 h 15 ; c) 15 h 50 ;
1 h moins le quart ; 3 h un quart ; 4 h moins 10.

2 Jean : 00.59.37 ; Bruno : 00.59.58 ;
Frédéric : 01.04.25 ; Stéphane : 01.04.35 ;
Loïs : 01.05.35 ; Michel : 01.05.42.

3 3 h 15 ; 3 h 30 ; 3 h 45 ; 4 h ; 4 h 15 ; 4 h 30 ; 4 h 45 ; 5 h ; 5 h 15 ; 5 h 30.

4 12 h ; 12 h 20 ; 12 h 40 ; 13 h ; 13 h 20 ; 13 h 40 ; 14 h ; 14 h 20 ; 14 h 40 ; 15 h.

5 a) 120 s ; b) 48 h ; c) 180 min ; d) 2 h ;
e) 60 min = 3 600 s ; f) 3 j.

6 a) 1 h 23 min ; b) 3 h 7 min ; c) 8 h 4 min 2 s.

GÉOMÉTRIE p.61

1 A 8 cm ; B 10 cm ; C 12 cm.

2 a) 16 × 4 = 64 cm ; b) (18 × 2) + (12 × 2) = 60 cm.

3 1 140 m.

4 a) 140 m ; b) 136 m.

CALCUL p.62

1

a)

			4	5	6
×				3,	6
		2	7	3	6
	1	3	6	8	
=	1	6	4	1,	6

b)

			6	3	2
×				5,	8
		5	0	5	6
	3	1	6	0	
=	3	6	6	5,	6

2 a) 3 536,4 ; b) 5 054,4 ; c) 2 471 ; d) 3 187,8.

3 a) 2 355,2 ; b) 2 163,4 ; c) 456,3 ; d) 4 284,8 ;
e) 2 106,8 ; f) 118,02.

4 a) 1 713,1 ; b) 1 713,1 ; c) 171,31 ; d) 171,31.

5 a) 2 496 ; b) 8 550 ; c) 20 736 ; d) 8 432 ;
e) 4 615 ; f) 46 656.

PROBLÈMES p.63

1 a) 36 carrés ; b) 32 carrés ; c) 30 carrés.

2 Fais vérifier par un adulte.

3 Aire = 5 carrés. Les formes sont différentes mais ont toutes la même aire.

4 a) 36 ; b) 28.

7 Mesurer des longueurs (1)

JE SAIS DÉJÀ

Utiliser un double-décimètre. Reconnaitre et utiliser les multiples et les sous-multiples du mètre.

JE COMPRENDS

L'unité de mesure des longueurs est le **mètre** (m). On utilise souvent :

- le **centimètre** (cm) : 1 m = 100 cm
- le **kilomètre** (km) : 1 km = 1 000 m.

CONSEILS PARENTS

Vérifiez avec votre enfant qu'il sait utiliser correctement son double-décimètre. Inspirez-vous de situations de la vie courante pour utiliser ces unités de mesure : mesurer sa taille, exprimer une distance en passant d'une unité à une autre...

★ 1 Complète chaque indication de mesure par l'unité adaptée.

a) Une automobile peut faire du 130 ....

b) La salle de séjour fait 7 .... sur 4 ....

c) Une planche de 2 .... d'épaisseur.

d) Un lit de 140 .... de large.

★ 2 Complète le tableau en mettant une croix dans la case correspondante.

	200 cm	2 000 m	2 m	20 000 m
2 km		x		
2 m				
20 km				
200 cm				

JE COMPRENDS

D'autres unités de longueur sont :

- l'**hectomètre** (hm) : 1 hm = 100 m
- le **décimètre** (dm) : 10 dm = 1 m
- le **décamètre** (dam) : 1 dam = 10 m
- le **millimètre** (mm) : 1 000 mm = 1 m

Pour les exercices 3, 4 et 5, tu peux t'aider d'un **tableau de conversion** dans lequel tu reporteras les nombres avec un chiffre par colonne.

★ 3 Complète.

a) 3 km 45 m = ... m

b) 5 dam 6 m = ... m

c) 5 km et demi = ... m

d) 6 m 35 cm = ... cm

e) 4 dm 68 mm = ... mm

f) 4 dm 5 cm 8 mm = ... mm

★★ 4 Combien manque-t-il...

a) à 75 cm pour faire 1 m ? ....

b) à 738 m pour faire 1 km ? ....

c) à 46 m pour faire 1 km ? ....

d) à 25 dam pour faire 1 km ? ....

★★★ 5 Complète en suivant l'exemple. 6 m 3 dm 5 cm = 63 dm 5 cm = 635 cm

a) 8 dm 6 cm 7 mm = ...

b) 4 km 3 hm 4 dam = ...

c) 5 km 6 dam 3 m = ...

Corrigés p. 5

....

CALCUL

7 Quand faire des divisions ?

JE SAIS DÉJÀ

Reconnaitre une situation de partage, les mots *division*, *quotient* et *reste*.

JE COMPRENDS

Pour qu'une situation soit une situation de division, il faut que le partage soit équitable et que ce qui reste après le partage soit inférieur au diviseur.
La division permet de calculer : la valeur d'une part ; le nombre de parts ; la valeur d'une partie d'un segment.
Quand on partage équitablement 25 bonbons entre 8 enfants, chaque enfant reçoit 3 bonbons et il reste 1 bonbon.
1 < 8

CONSEILS PARENTS
Entrainez le plus souvent possible votre enfant à calculer mentalement, quel que soit le type d'opération.

Résous les problèmes qui peuvent être résolus par une division.
Indique les informations qui manquent pour résoudre les autres.

Lis bien attentivement les énoncés, tous ne se résolvent pas par une division. Sois vigilant !

★ **1** CALCUL MENTAL Je pense à un nombre, je le double. J'obtiens 486. Quel est ce nombre ? Comment l'obtiens-tu ? ....

★ **2** CALCUL MENTAL Pour la fête de fin d'année, il est prévu de vendre 35 gâteaux. On décide que chaque classe en confectionnera 5. Combien y a-t-il de classes dans l'école ?

....

★ **3** Un train se compose de 8 wagons de seconde classe et de 2 wagons de première classe. Il peut transporter 640 voyageurs en seconde classe et 96 en première classe. Combien chaque type de wagon peut-il transporter de voyageurs ?

....

Tu peux procéder par **additions successives** pour trouver la réponse.

★★ **4** Dans la semaine, un avion de 128 places de la compagnie Belair a transporté 896 passagers. Combien de voyages a-t-il faits sachant que l'avion était plein chaque fois ?

....

★★ **5** Le libraire livre à l'école les 100 livres de diverses collections achetés pour la bibliothèque. Il apporte 5 cartons. Combien y a-t-il de livres dans chaque carton ?

....

★★ **6** Combien faut-il de voitures pour transporter les 50 invités du mariage de Christelle ?

....

Corrigés p. 5

....

PROBLÈMES

7 Repérer l'information

JE COMPRENDS

Les informations peuvent aussi être données par des **schémas**, des **tableaux**, des **diagrammes** en bâtons ou circulaires...

★ **1** **Voici un graphique circulaire, appelé « camembert », qui indique les évènements naturels graves qui ont concerné la France.**

Les évènements naturels dommageables de gravité 3 ou plus en France de 1900 à 2012

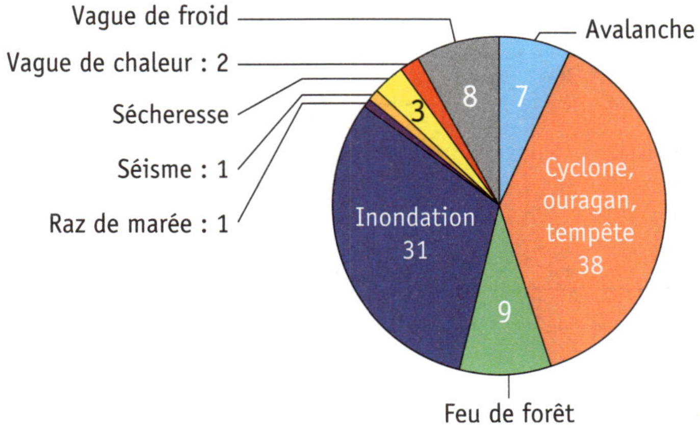

D'après EM-DAT : The OFDAA/CRED International Disaster Database

a) Quelle est la période concernée par le graphique ? ....

b) De combien d'évènements différents parle-t-on ? ....

c) Quels sont ceux qui ont fait le plus de dégâts ? ....

d) À quel pourcentage correspondent ceux qui ont fait le plus de dégâts ? ....

e) Classe les évènements dans l'ordre, en commençant par les plus importants.

....

★★ **2** **Le graphique montre le climat de la ville de Brest. Les températures sont représentées par la ligne rouge et les hauteurs de pluie tombée par des bâtons.**

a) Quel est le mois où il pleut le moins ?

....

b) Quel est le mois où il pleut le plus ?

....

c) Quelle température fait-il au mois de juillet ?

....

d) Quelle est la température la plus basse de l'année ?

....

e) Au cours de quels mois tombe-t-il 70 mm d'eau ?

....

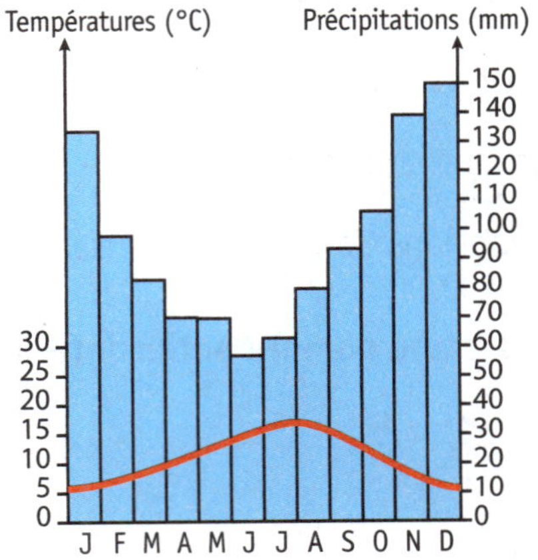

Précipitations veut dire *pluie*. Tu peux tracer des traits horizontaux en face des données verticales pour faciliter la lecture des informations.

Corrigés p. 5

....

BRAVO ! Tu as fini le chapitre 7.
Rendez-vous sur le site www.hatier-entrainement.com pour encore plus d'exercices et de conseils !

Les fractions (2)

JE SAIS DÉJÀ

Reconnaitre des fractions simples.

JE COMPRENDS

Entre deux nombres entiers consécutifs, on peut avoir besoin d'autres nombres pour exprimer des grandeurs avec plus de précision.
On utilise alors des fractions.
On peut utiliser des fractions pour désigner :

- des **longueurs** :
Si U est l'unité de longueur, [AB] mesure $\frac{2}{3}$ de U.

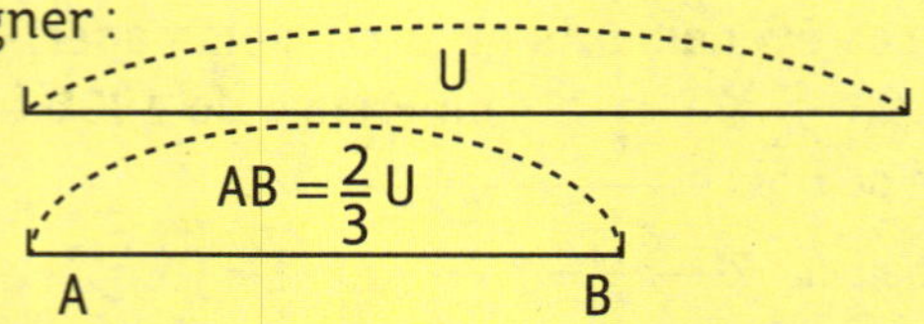

- des **aires** :
Si E est l'unité d'aire, la figure F mesure $\frac{3}{4}$ de la figure E.

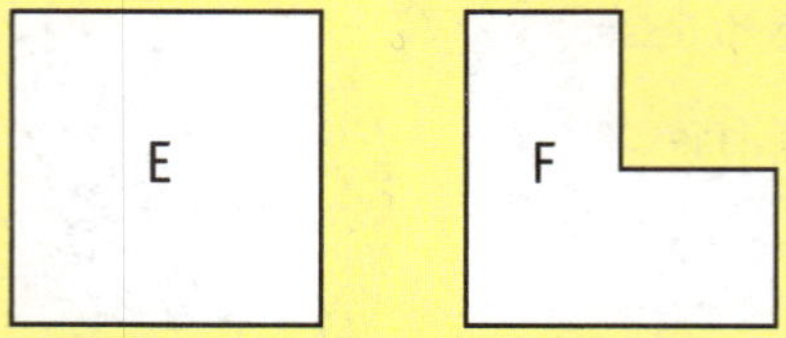

- des **points** sur la demi-droite numérique :

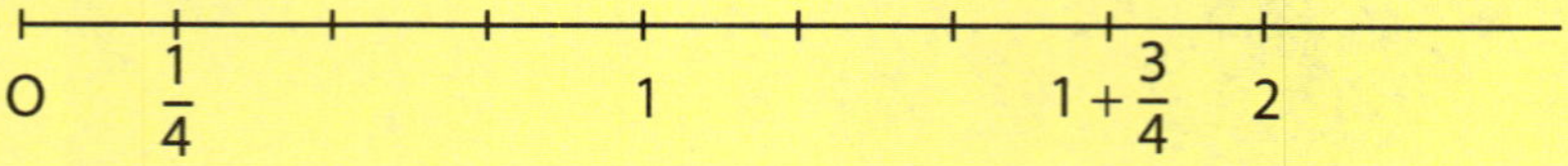

★ **1** **Quatre tartes ont été découpées de façon différente. Quelle fraction de la tarte chaque part représente-t-elle ?**

....

La partie bleue représente le **numérateur** de la fraction.

★★ **2** a) Place les fractions suivantes sur la demi-droite numérique : $\frac{2}{3}$, $\frac{7}{3}$, $\frac{1}{3}$, $\frac{12}{3}$, $\frac{6}{3}$, $\frac{15}{3}$.

b) Quelles fractions sont plus petites que l'unité ? ....

c) Quelles fractions sont égales à l'unité ? ....

d) Range ces fractions dans l'ordre croissant. ....

★★ **3** **Quel est le plus grand nombre entier inférieur à chacune des fractions suivantes ?**

a) $\frac{17}{8}$ ....

b) $\frac{45}{7}$ ....

c) $\frac{52}{9}$ ....

d) $\frac{14}{3}$ ....

e) $\frac{4}{3}$ ....

f) $\frac{27}{10}$ ....

Corrigés p. 5

....

MESURE

8 Mesurer des longueurs (2)

JE SAIS DÉJÀ

Utiliser un double-décimètre et les unités sous-multiples du mètre.

JE COMPRENDS

Pour mesurer la longueur d'un segment, on utilise un double-décimètre.

Il faut bien placer le 0 de la graduation en face de l'extrémité (A) de l'objet à mesurer ; on lit la longueur en face de l'autre extrémité (B).

CONSEILS PARENTS

Veillez à ce que votre enfant dispose d'un matériel de qualité où les graduations sont parfaitement visibles.

★ **1** **Donne, en centimètres et millimètres, la mesure de chaque segment.**

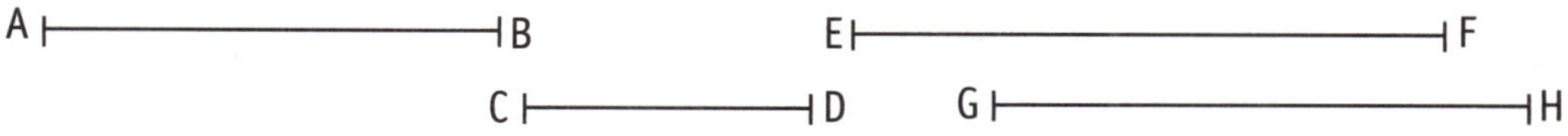

[AB] = ... [CD] = ... [EF] = ... [GH] = ...

Place bien le **zéro** de la graduation en face de l'extrémité gauche du segment.

★★ **2** **Trace un segment de longueur 4 cm, puis un autre de longueur 7 cm et 3 mm.**

★ **3** **Quel segment correspond exactement au périmètre de ce quadrilatère ?**

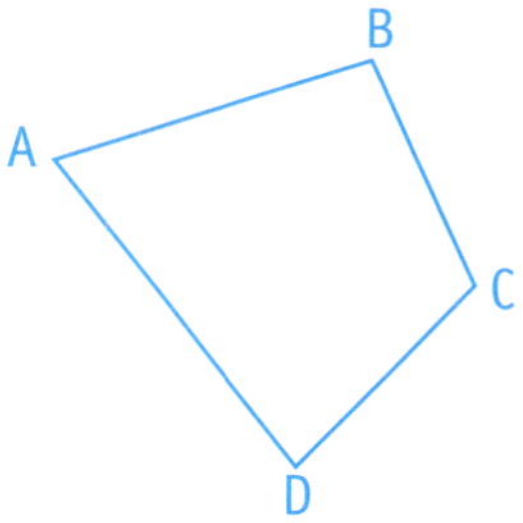

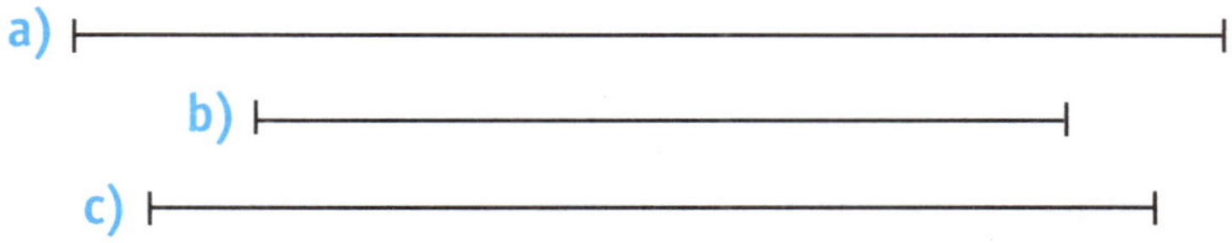

Périmètre veut dire : longueur du tour.

★★★ **4** **Sur une droite, on veut placer 5 points dans l'ordre indiqué par le tableau.**

est placé avant →	A	B	C	D	E
A		×	×	×	×
B					
C		×		×	×
D		×			
E		×		×	

a) Trouve l'ordre des points :

....

b) Place les points sur la droite ci-dessous en sachant que :

[AE] = 7 cm,

D est à 3 cm de E,

[DB] = 5 cm,

[CD] = 6 cm.

Place tout de suite le point **A** au début de la droite.

Corrigés p. 5

....

CALCUL

8 La division (1)

JE SAIS DÉJÀ

Comparer et ordonner des nombres.

JE COMPRENDS

Avant de faire une division, il est utile de prévoir le nombre de chiffres du **quotient**.
Pour cela, on encadre le **dividende** par des multiples du **diviseur**.

4 325 : 32
$32 \times 100 < 4\,325 < 32 \times 1\,000$

Le quotient est compris entre 100 et 1 000.

CONSEILS PARENTS

Faites réviser à votre enfant la multiplication d'un nombre entier par 10, 100, 1 000 ainsi que la comparaison de nombres entiers. La notion d'ordre de grandeur est importante. Utilisez toutes les occasions pour lui demander d'estimer l'ordre de grandeur d'un résultat.

Relis bien l'exemple de la leçon avant de compléter le tableau de l'ex. 1.

★ **1** **Complète le tableau.**

Dividende	Diviseur	Encadrement	Nombre de chiffres du quotient
33 525	18		
7 436	125		
843 123	512		
12 437	4 325		

★★ **2** **Fais le même travail pour chaque division.**

a) 7 321 : 38 ……………………………………

b) 614 : 25 ……………………………………

c) 548 : 84 ……………………………………

d) 24 310 : 127 ……………………………………

★★ **3** **Le quotient de 4 817 par 28 a 3 chiffres ; quel est le nombre de chiffres du quotient de :**

a) 4 817 par 280 ? ……………………

b) 48 170 par 28 ? ……………………

c) 48 170 par 280 ? ……………………

d) 4 817 par 2 800 ? ……………………

JE COMPRENDS

On peut encadrer encore plus précisément le **dividende** en utilisant des multiples du **diviseur**.

★★★ **4** **Reporte-toi aux répertoires de l'exercice 4 page 26 pour faire cet exercice.**

Dividende	Diviseur	Nombre de chiffres du quotient	Encadrement du dividende	Encadrement du quotient
512	34	2	$340 < 512 < 680$	$10 < q < 20$
7 337	34			
925	52			
12 513	52			

Corrigés p. 5

….. ….. …..

PROBLÈMES

8 Problèmes avec questions intermédiaires

JE SAIS DÉJÀ

Reconnaitre un énoncé de problème avec son texte, ses données chiffrées et ses questions.

JE COMPRENDS

Pour résoudre certains problèmes, il faut d'abord chercher les questions intermédiaires pour obtenir les informations dont on a besoin.

CONSEILS PARENTS

Parfois, faire un schéma ou un dessin qui traduit la situation du problème peut aider votre enfant à mieux comprendre ce que raconte l'énoncé.

Pour chaque problème de cette page, tu sais qu'il manque une information que tu dois calculer avant de répondre à la question. Retrouve cette information qui manque et écris la question qui n'est pas écrite.

★ **1** Marion possède 85 € et Philippe, son frère, 64 €. Ils souhaitent s'acheter une chaine hi-fi qui coute 289 €. Combien leur manque-t-il ?

....

....

★ **2** Justin collectionne les timbres. Il en possède déjà 84. Mathilde, qui les collectionne aussi, en a 3 fois plus que Justin. La collection de Mathilde est si importante qu'elle l'a répartie équitablement dans 4 albums. Combien de timbres y a-t-il dans chaque album ?

....

....

★ **3** Mariette, Nathalie et Léo aident leur grand-père à ramasser les mirabelles. Ils se partagent ensuite les 12 kg qu'ils ont ramassés. Nathalie retourne au verger pour en cueillir 3 kg supplémentaires pour sa maman. Quel est le poids des mirabelles emportées par Nathalie ? ....

....

★ **4** Les 30 élèves du CE2 ont besoin, chacun, de 6 cahiers. Le maitre ne possède que 4 paquets de 25 cahiers. Combien de cahiers manque-t-il ?

....

....

★ **5** Après la récréation, Paul a 27 billes et Arthur 43. Christelle en a 22. Combien les garçons ont-ils de billes de plus que Christelle ?

....

....

Corrigés p. 5-6

....

BRAVO ! Tu as fini le chapitre 8.
Rendez-vous sur le site www.hatier-entrainement.com pour encore plus d'exercices et de conseils !

NUMÉRATION

9 Les nombres décimaux : les dixièmes

JE SAIS DÉJÀ

Ordonner les nombres entiers sur une droite numérique.

JE COMPRENDS

54 : 10 = 5,4 845 : 10 = 84,5

5,4 et 84,5 sont des **nombres décimaux**.
Ils s'écrivent avec une virgule placée après le chiffre des unités.
On peut placer ces nombres sur une droite numérique.

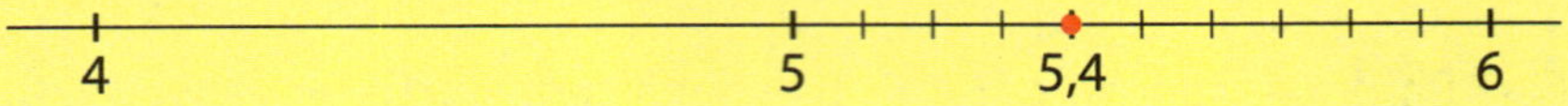

Sers-toi de l'exemple de la leçon pour placer les nombres demandés.

★ 1 Nomme les points rouges.

A : .... B : .... C : .... D : ....

★ 2 Place les nombres suivants sur la droite numérique ci-dessous.

32,5 ; 33,9 ; 31,4 ; 33,7 ; 31,8

JE COMPRENDS

5,4 peut se lire : cinq virgule quatre ou 54 dixièmes. 5 est le chiffre des unités,
4 est le chiffre des dixièmes. Un dixième s'écrit 0,1 ou $\frac{1}{10}$.

Le dixième est 10 fois plus petit que l'unité. 1 = 10 dixièmes.

Tu peux utiliser un tableau de numération en ajoutant une colonne à la droite de celle des unités simples. Cette colonne représentera les **dixièmes de l'unité**.

★ 3 Complète en suivant l'exemple.

4,8 = 4 unités 8 dixièmes = 48 dixièmes

a) 25,3 = ... b) 736,9 = ...

★ 4 Complète en suivant l'exemple.

$\mathbf{125,3 = 125 + \left(3 \times \frac{1}{10}\right)}$

a) 76,2 = ... c) 30,7 = ... + ...

b) 68,5 = ... d) 46,9 = ... + ...

★ 5 Trouve le nombre décimal qui se place juste au milieu de :

a) 25 et 26 : .... b) 38 et 39 : ...... c) 10 et 11 : .... d) 0 et 1 : ....

Corrigés p. 6

....

GÉOMÉTRIE

9 Reconnaitre une figure plane

JE SAIS DÉJÀ

Identifier un carré, un rectangle, un losange.

JE COMPRENDS

Les figures planes les plus courantes parmi les polygones sont :
- les **quadrilatères** (figures à 4 côtés) ;
- les **triangles** (figures à 3 côtés).

CONSEILS PARENTS

Profitez de situations de la vie quotidienne pour demander à votre enfant de nommer des figures simples.

1 ★ **Colorie les quadrilatères et écris le nom de ceux que tu connais.**

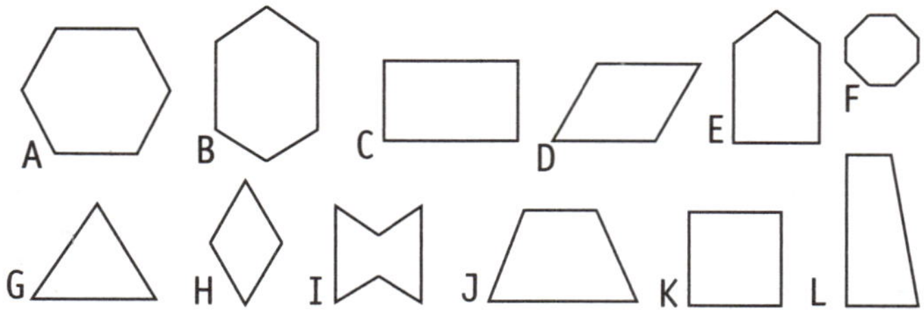

....

....

....

....

2 ★ **Certains quadrilatères de l'exercice 1 ont un ou plusieurs angles droits. Écris les lettres qui les désignent.**

....

Si tu n'es pas sûr(e), utilise une équerre.

JE COMPRENDS

Parmi les quadrilatères courants, tu dois reconnaitre :

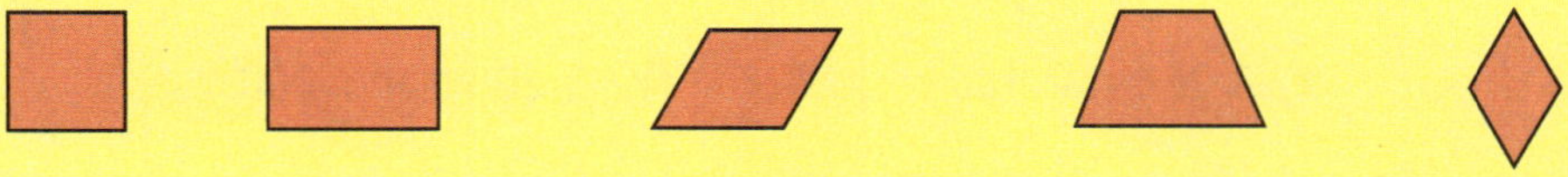

le carré **le rectangle** **le parallélogramme** **le trapèze** **le losange**.

3 ★ **Je suis un quadrilatère qui a 4 angles droits et 4 côtés égaux. Qui suis-je ?**

....

4 ★ **Je suis un quadrilatère. Mes côtés sont égaux et parallèles 2 à 2 et j'ai 4 angles droits. Qui suis-je ?**

....

5 ★★★ **Termine la figure ci-contre de façon :**

a) à former un rectangle ;

b) à ce qu'elle ne soit formée que de triangles ou de quadrilatères.

c) Colorie d'une même couleur : les triangles, les trapèzes, les losanges, les carrés et les rectangles. Il restera un parallélogramme.

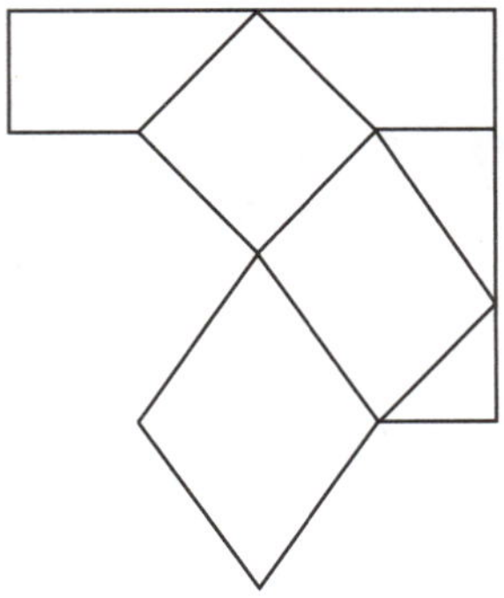

Fais l'exercice 5 avec soin, en utilisant un crayon bien taillé.

Corrigés p. 6

....

CALCUL

9 La division (2)

JE SAIS DÉJÀ

Trouver le nombre de chiffre du quotient si je connais le dividende et le diviseur.

JE COMPRENDS

6 8 4 9	3 2
− 6 4 0 0	2 1 4
0 4 4 9	
− 3 2 0	
1 2 9	
− 1 2 8	
0 0 1	

6 849 : 32 → $32 \times 100 < 6\,849 < 32 \times 1\,000$ → le quotient de 6 849 : 32 est compris entre 100 × 32 et 1 000 × 32, il a 3 chiffres.
Le quotient de 6 849 par 32 est 214.

Le reste est 1 : le reste est toujours inférieur au diviseur.

CONSEILS PARENTS

Veillez à ce que votre enfant pose la division en laissant suffisamment de place pour écrire correctement et lisiblement les nombres proposés.

Bonne occasion de réviser les tables de multiplication !

Rappel : pour diviser un nombre entier par 10, 100 ou 1 000, on place une virgule à 1, 2 ou 3 rangs **vers la gauche** à partir des unités simples.

★ **1** **Effectue les divisions au brouillon et reporte leur résultat ci-dessous.**

a) 436 : 8 = ... b) 725 : 5 = ... c) 346 : 7 = ... d) 528 : 4 = ...

★★ **2** **Effectue les divisions au brouillon et reporte leur résultat ci-dessous.**

a) 146 : 28 = ... b) 78 402 : 93 = ... c) 4 174 : 83 = ...

★ **3** **Trouve le reste dans la division de :**

a) 243 par 10 : .... c) 6 735 par 100 : .... e) 74 302 par 1 000 : .....

b) 8 345 par 10 : .... d) 3 274 par 100 : .... f) 43 208 par 1 000 : ......

★ **4** **Le jardinier a acheté 4 douzaines de plants de fraisiers. Il veut les répartir également sur 6 rangées. Combien de fraisiers y aura-t-il sur chaque rangée ?**

....

★★ **5** **La recette de la séance de cinéma de 22 h est de 768 €.**
Il y a 96 places occupées. Quel est le prix d'une place ?

....

JE COMPRENDS

Pour vérifier que la division est juste, il suffit de vérifier que (32 × 214) + 1 = 6 849 est juste.

6 849 : 32 → quotient 214, reste 1 (32 × 214) + 1 = 6 848 + 1 = 6 849

★★ **6** **Vérifie ces divisions et corrige le résultat si c'est nécessaire.**

a) 570 : 12 = quotient 47, reste 6. c) 3 647 : 61 = quotient 59, reste 48.

b) 12 724 : 87 = quotient 87, reste 12. d) 7 841 : 83 = quotient 94, reste 39.

Corrigés p. 6

....

9 Problèmes à résoudre par la règle de trois

JE SAIS DÉJÀ

Multiplier et diviser un nombre entier par un autre nombre entier.

JE COMPRENDS

Pour résoudre un problème, il est parfois nécessaire de repasser par la valeur de l'unité.

20 livres coutent 240 €. Quel est le prix de 13 livres ?

Prix d'un livre : $240 : 20 = 12$ €

Prix de 13 livres : $12 \times 13 = 156$ €

On peut écrire ces deux opérations en une seule fois :

$$\frac{240 \times 13}{20} = 156$$

On peut commencer par la multiplication ou la division.

Cette suite de deux opérations s'appelle une **règle de trois**.

CONSEILS PARENTS

Utilisez des situations de la vie courante pour élaborer, avec votre enfant, des situations de proportionnalité se résolvant par la règle de trois. Ex : si une recette est calculée pour 6 personnes, quelles quantités faut-il prévoir pour 4 personnes ?

Résous les problèmes suivants en utilisant la règle de trois.

★ **1** Quel est le prix de 7 kg d'abricots si on achète les 12 kg pour 24 € ?

....

....

Pense bien à repasser par la valeur d'une unité : prix d'un kg d'abricot, par exemple.

★★ **2** Pour faire des crêpes pour 4 personnes, on utilise 160 g de farine et 40 g de sucre. Combien faut-il prévoir de farine et de sucre pour 13 personnes ?

....

....

★★ **3** On a fait de la confiture de fraises avec 3 kg de fraises et 1 800 g de sucre. Quelle quantité de sucre faut-il prévoir pour 8 kg de fraises ?

....

....

★ **4** Une auto-école propose 20 heures de leçons de conduite pour 480 €. Combien paiera-t-on pour 24 heures de leçons ?

....

....

....

Corrigés p. 6

....

BRAVO ! Tu as fini le chapitre 9.
Rendez-vous sur le site www.hatier-entrainement.com pour encore plus d'exercices et de conseils !

NUMÉRATION

10 Les nombres décimaux : les centièmes

JE SAIS DÉJÀ

Reconnaitre et ordonner les nombres décimaux avec un chiffre après la virgule.

JE COMPRENDS

214 : 100 = 2,14 1 245 : 100 = 12,45 8 460 : 100 = 84,6

2,14 se lit : deux virgule quatorze ou 214 centièmes ou 2 unités 1 dixième et 4 centièmes. On peut placer ces nombres sur une droite numérique.

CONSEILS PARENTS

Demandez à votre enfant, dans des situations de la vie courante, de lire des nombres décimaux (au supermarché, par exemple).

Pour les exercices 1 et 2, sers-toi de l'exemple de la leçon pour placer les nombres demandés.

★ 1 Nomme les points rouges.

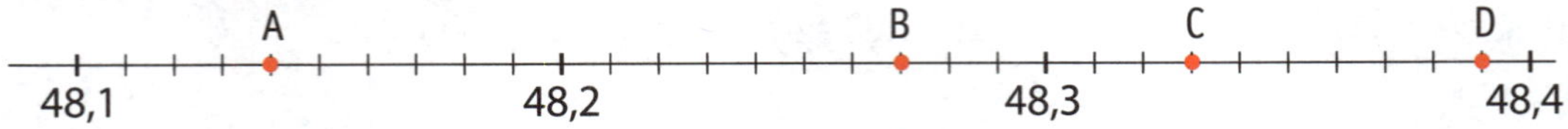

A : .... B : .... C : .... D : ....

★ 2 Place les nombres suivants sur la droite numérique ci-dessous.

314,42 ; 314,54 ; 314,68 ; 314,59

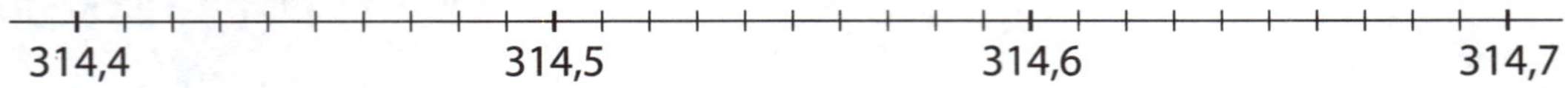

Tu peux utiliser un tableau de numération en ajoutant une colonne à la droite de celle des dixièmes. Cette colonne représentera les **centièmes de l'unité**.

★★ 3 Recopie les nombres suivants dans un ordre croissant.

2,4 ; 2,45 ; 12 ; 12,55 ; 12,5 ; 12,05 ; 2,04 ; 2,48

....

★★ 4 Complète en suivant l'exemple.

12,73 = 12 unités et 73 centièmes = 12 unités 7 dixièmes 3 centièmes

a) 408,35 = ...

b) 4,07 = ...

JE COMPRENDS

Un centième s'écrit aussi $\frac{1}{100}$ ou 0,01. 1 unité = 100 centièmes.

★★ 5 Complète en suivant l'exemple.

$$25,32 = 25 + \left(3 \times \frac{1}{10}\right) + \left(2 \times \frac{1}{100}\right) = 25 + (3 \times 0,1) + (2 \times 0,01)$$

a) 40,18 = ...

b) 121,53 = ...

c) 73,08 = ...

Corrigés p. 6

....

GÉOMÉTRIE

10 Construire des figures planes

JE SAIS DÉJÀ

Reconnaitre et décrire les quadrilatères. Utiliser l'équerre et le double-décimètre.

JE COMPRENDS

Il est important de connaitre les propriétés d'une figure pour pouvoir la construire.
Un carré est un quadrilatère qui a 4 côtés égaux et 4 angles droits.

CONSEILS PARENTS

Proposez à votre enfant de commencer par tracer les quadrilatères à main levée sur une feuille blanche. Il pourra ainsi en revoir les propriétés avant de répondre à la consigne.

Rappel : deux droites perpendiculaires se coupent en formant **un angle droit**.

★★ **1** **Construis un quadrilatère dont les diagonales sont perpendiculaires. C'est un... (2 réponses possibles)**

....

....

★★ **2** **Construis un quadrilatère qui a seulement deux côtés parallèles. C'est un...**

....

....

★★ **3** **Construis un quadrilatère qui a quatre angles droits. C'est un... (2 réponses possibles)**

....

....

★★ **4** **Construis un quadrilatère dont les diagonales sont de même longueur et se coupent en leur milieu. C'est un... (2 réponses possibles)**

....

....

★★ **5** **Construis un triangle qui a un angle droit. C'est un...**

....

....

Corrigés p. 6

....

CALCUL

10 Addition et soustraction de nombres décimaux (1)

JE SAIS DÉJÀ

Additionner et soustraire des nombres entiers avec ou sans retenues.

JE COMPRENDS

Les additions de nombres décimaux se posent comme les additions de nombres entiers : unité sous unité. Les virgules sont donc l'une au-dessous de l'autre.

62 + 438,2 + 12,4 →

```
     62
+ 438,2
+  12,4
= 512,6
```

Les soustractions de nombres décimaux se posent comme des soustractions de nombres entiers : unité sous unité. Les virgules sont donc l'une au-dessous de l'autre.

```
  348,8        5 ①4 ,①5
−  36,4      −①2①7 , 8
= 312,4      =  2 6 , 7
```

CONSEILS PARENTS

Attirez bien l'attention de votre enfant sur la disposition des nombres dans les opérations. Contrairement aux nombres entiers, celle-ci n'est pas évidente.

1 ★ **Calcule.**

```
    48,5          5,8
+  127,2       + 12,2
+    3,9       + 45
```

a) .... b) ....

2 ★ **Calcule.**

```
     48          327,2
+ 312,8       +   34,8
+    56       +  512
```

a) .... b) ....

Attention ! Le repère pour bien disposer les nombres les uns sous les autres, c'est **la virgule**.

3 ★★ **Calcule.**

```
  436,9         92,8
−  23,6       − 43
```

a) .... b) ....

4 ★★ **Calcule.**

```
  64,8          436,1
− 27,9        −  78
```

a) .... b) ....

5 ★★★ **Pose les opérations au brouillon et reporte leur résultat ci-dessous.**

a) 487 – 48,2 = ...

b) 8 243 – 318,7 = ...

c) 648 – 93,7 = ...

d) 729 – 84,3 = ...

Quand il n'y a pas de chiffre au-dessus du nombre à soustraire, écris **un zéro**.

6 ★★★ **Effectue les opérations au brouillon et complète le tableau ci-dessous.**

a	b	a + b	a – b
614,8	87,9		
320,2	292,4		
327,1		608,8	

Corrigés p. 6

....

PROBLÈMES

10 Problèmes pour s'entrainer

JE SAIS DÉJÀ

Reconnaitre un énoncé de problème avec son texte, ses données chiffrées et ses questions. Trouver la ou les opérations qui vont permettre de répondre à la question.

CONSEILS PARENTS

Vous pouvez aider votre enfant en lui expliquant certains mots de la page qui peuvent lui être inconnus : convoi, places au balcon, à l'orchestre, éditeur. . .

★ **1** Aux halles, la marchande de fruits et légumes a acheté 245 kg de marchandises. Elle en décharge 56 kg au retour et 76 kg en début d'après-midi. Quel poids de marchandises reste-t-il encore à décharger ? ....

....

★★ **2** Un convoi de 12 camions roule sur une route. Chaque camion mesure 8 m de long. Une distance de 50 m sépare chaque camion. Quelle est la longueur du convoi ?

....

Fais un schéma du convoi pour t'aider.

★ **3** Sur le marché, un commerçant a 50 tapis à vendre. Il en vend la moitié à 120 € l'unité et l'autre moitié à 80 € l'unité. Quelle somme la vente des tapis lui a-t-elle rapportée ?

....

Attention ! Pour les exercices 3 à 6, tu ne peux pas répondre tout de suite à la question. Trouve d'abord les informations qui te manquent.

★★ **4** Le théâtre comporte 225 places. On en compte 128 à l'orchestre. Les autres places sont situées au balcon. Les places d'orchestre sont vendues 18 €. Les places du balcon sont 3 € moins chères. Quelle est la recette totale si toutes les places sont vendues ? ....

....

★★ **5** Un éditeur crée 1 500 CD-Rom. Il en vend 750 au prix de 15,50 € l'unité. Le reste est emballé par lots de 5 CD-Rom vendus 40 € le lot. Quel est le montant de la vente si tout est vendu ? ....

....

★★ **6** Au supermarché, madame Cady achète 4 paquets de beurre à 1,49 € le paquet, 3 packs de yaourts à 1,95 € l'un, 2 kg de cerises à 2,50 € le kg et 5,50 € de fromage. Quelle somme totale a-t-elle payée ? ....

....

Corrigés p. 6

....

BRAVO ! Tu as fini le chapitre 10.
Rendez-vous sur le site www.hatier-entrainement.com pour encore plus d'exercices et de conseils !

NUMÉRATION

11 Écritures décimales et fractionnaires

JE SAIS DÉJÀ

Reconnaitre et lire une fraction. Reconnaitre, lire et ordonner des nombres décimaux avec un ou deux chiffres après la virgule.

JE COMPRENDS

$\frac{1}{10}$ c'est 0,1 ou un dixième. $\frac{1}{100}$ c'est 0,01 ou un centième.

$0{,}1 = \frac{1}{10} = \frac{10}{100}$ $\frac{75}{100} = \frac{70}{100} + \frac{5}{100} = \frac{7}{10} + \frac{5}{100} = 0{,}7 + 0{,}05 = 0{,}75$

CONSEILS PARENTS

Proposez à votre enfant un tableau de numération qui lui servira à reporter les nombres s'il a des difficultés dans les transformations d'écriture.

☆ 1 Complète par un nombre décimal.

a) $\frac{1}{10}$ = ……………………

b) $\frac{3}{10}$ = ……………………

c) $\frac{43}{10}$ = ……………………

d) $\frac{843}{10}$ = ……………………

2 ☆ Complète par un nombre décimal.

a) $\frac{75}{100}$ = ……………………

b) $\frac{143}{100}$ = ……………………

c) $\frac{1\,412}{100}$ = ……………………

d) $\frac{827}{100}$ = ……………………

Observe bien les exemples de la leçon avant de commencer les exercices.

☆☆ 3 Complète les égalités selon l'exemple.

$\frac{58}{100} = \frac{5}{10} + \frac{8}{100} = 0{,}5 + 0{,}08 = 0{,}58$

a) $\frac{94}{100} = \frac{9}{\dots} + \frac{\dots}{\dots}$ = ……………

b) $\frac{27}{100} = \frac{\dots}{\dots} + \frac{\dots}{\dots}$ = ……………

c) $\frac{48}{100} = \frac{\dots}{\dots} + \frac{\dots}{\dots}$ = ……………

4 ☆☆ Complète les égalités.

a) $\frac{214}{100}$ = ……………………

b) $\frac{827}{100}$ = ……………………

c) $\frac{618}{100}$ = ……………………

d) $\frac{472}{100}$ = ……………………

JE COMPRENDS

$\frac{1}{2}$ c'est 0,5. $\frac{1}{4}$ c'est 0,25. $\frac{3}{4}$ c'est 0,75. $\frac{4}{5}$ c'est 0,8.

On obtient un nombre décimal à partir d'une fraction en divisant le numérateur par le dénominateur.

$\frac{2{,}5}{2} = 25 : 2 = 12{,}5.$

Pour les exercices 5 et 6, continue la division jusqu'aux **centièmes** quand c'est nécessaire.

☆☆☆ 5 Complète par un nombre décimal.

a) $\frac{9}{4}$ = ……………………

b) $\frac{26}{5}$ = ……………………

c) $\frac{54}{8}$ = ……………………

d) $\frac{37}{4}$ = ……………………

6 ☆☆☆ Complète par un nombre décimal.

a) $\frac{48}{20}$ = ……………………

b) $\frac{57}{30}$ = ……………………

c) $\frac{81}{30}$ = ……………………

d) $\frac{52}{5}$ = ……………………

Corrigés p. 7

…. …. ….

GÉOMÉTRIE

11 Reconnaitre des solides

JE SAIS DÉJÀ

Reconnaitre et nommer des polygones.

JE COMPRENDS

Un solide dont toutes les faces sont des polygones est un **polyèdre**.
Un solide dont une ou deux faces sont des disques est :

un **cône** :  ou un **cylindre** : 

CONSEILS PARENTS

Profitez de situations de la vie quotidienne pour faire reconnaitre et nommer des solides usuels : boites d'emballage par exemple. Utilisez le principe de l'exercice n° 3 afin que votre enfant manipule, et ainsi s'approprie plus facilement la notion de polyèdre.

1 Parmi ces solides, colorie en rouge les polyèdres et en vert les cylindres et les cônes.

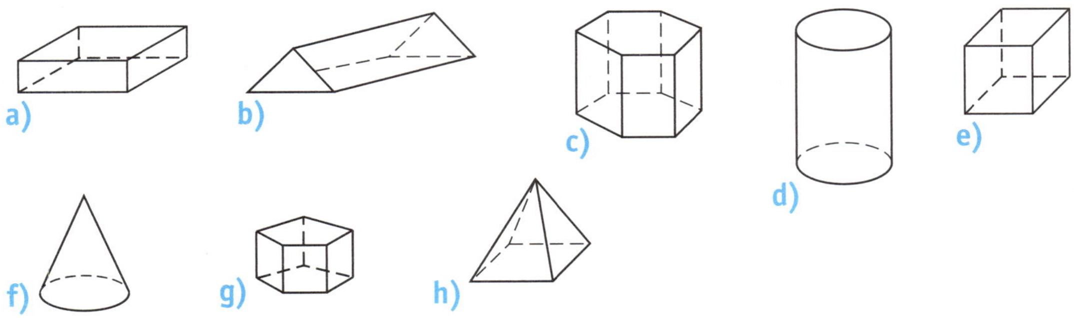

Relis, dans la leçon, ce qu'est un **polyèdre**.

2 Pour chaque polyèdre, écris son nom quand tu le connais et le nombre de faces qui le composent.

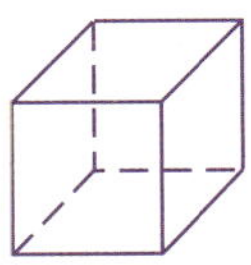

cube : 6 carrés semblables

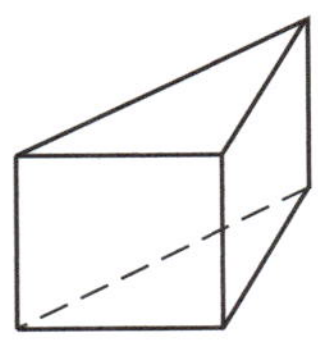

b) ....

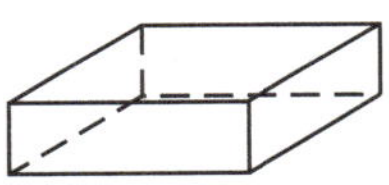

a) ....

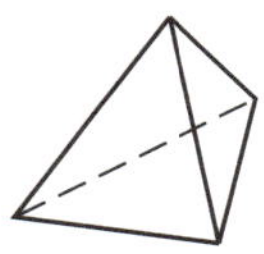

c) ....

Attention à bien respecter les propriétés des solides dessinés.

3 Avec des pailles et des boules de pâte à modeler on peut réaliser les polyèdres suivants. Pour chacun, écris combien il faut prévoir de pailles et de boules.

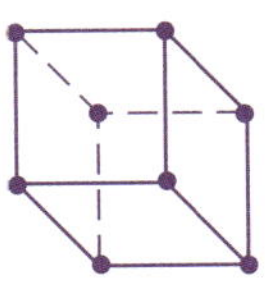

8 boules, 12 pailles

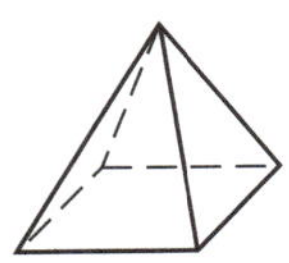

b) ....

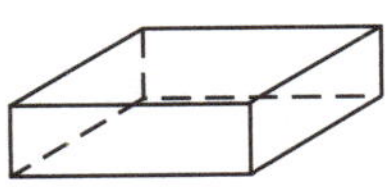

a) ....

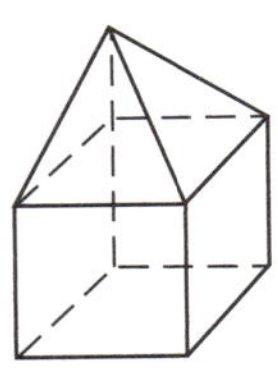

c) ....

Corrigés p. 7

....

CALCUL

11 Addition et soustraction de nombres décimaux (2)

JE SAIS DÉJÀ

Additionner et soustraire des nombres décimaux avec ou sans retenues.

JE COMPRENDS

Rappel : 438,2 + 75,38 →

```
  4 3 8, 2 0
+   7 5, 3 8
= 5 1 3, 5 8
```

★ 1 Calculé.

```
a)   7 3 5, 3 6        b)   4 3 8
   +   2 7, 0 2           +   2 5, 4 2
   +       3, 4           + 1 0 8, 3
```

a) .... b) ....

★ 2 Calcule.

```
a)   2 2 5, 3          b)   6 4 2, 3
   +   1 3, 8 5           +     8, 2 5
   + 8 1 6                +     3, 0 2
```

a) .... b) ....

JE COMPRENDS

Rappel :

```
  6 2 4, 3 5          6 ①1 ①3 ,①2 5
−   1 2, 1 4        − ① ①4 ①8 ,  3 1
= 6 1 2, 2 1        =   5   6  4 , 9 4
```

★ 3 Calcule.

```
a)   5 4 8, 2 5        b)   6 1 4, 3 6
   −   3 7, 1 2           − 2 0 8, 8
```

a) .... b) ....

★ 4 Calcule.

```
a)   1 2 3 2 5, 3 5    b)   7 3 9, 4 1
   −       6 0 2, 2 8     −     4 5, 2 7
```

a) .... b) ....

JE COMPRENDS

Rappel : 285,3 − 65,37

↓

285,3 = 285,30

```
  2 8 5, 3 0
−     6 5, 3 7
=   2 1 9, 9 3
```

★★ 5 Pose les opérations au brouillon et reporte leur résultat ci-dessous.

a) 400 − 38,27 = ...

b) 527,3 − 148,12 = ...

c) 947 − 35,72 = ...

d) 827 − 48,57 = ...

★★ 6 Effectue.

a) $\left(48 + \frac{5}{10} + \frac{8}{100}\right) + \left(27 + \frac{7}{10} + \frac{3}{100}\right) = 48,58 + $ .... = ...

b) $\left(10 + \frac{3}{10} + \frac{8}{100}\right) + \left(27 + \frac{9}{10} + \frac{4}{100}\right) = $ .... = ...

Relis bien les leçons avant de commencer à calculer les opérations.

Corrigés p. 7

....

PROBLÈMES 11

Problèmes à ruminer

JE SAIS DÉJÀ

Lire et comprendre des documents. Trouver les données nécessaires aux calculs demandés.

CONSEILS PARENTS

Expliquez à votre enfant les mots difficiles des énoncés.

★ 1 Diplômée en lait

La star des vaches laitières est de race « française frisonne pie noire ». Elle peut donner du lait pendant 288 jours par an avec une moyenne de 20 litres par jour.

Calcule la quantité de lait donnée par une vache en un an.

....

....

....

....

....

★ 2 Ruminez, ruminez !

Si on demande à la vache de donner un maximum de lait, il faut que l'éleveur la nourrisse en conséquence.
Chaque jour, une vache :
- boit 60 à 75 litres d'eau ;
- rumine environ 60 kg d'herbe ;
- consomme, pendant la traite, de 500 g à 2 kg de granulés de tourteaux.

Estime la consommation journalière d'eau, d'herbe et de granulés de tourteaux d'un troupeau de 30 bêtes.

....

....

....

3 ★ Lait ou eau ?

Voici ce qui entre dans la composition d'un kilogramme de lait. Quelle est la part de l'eau ?

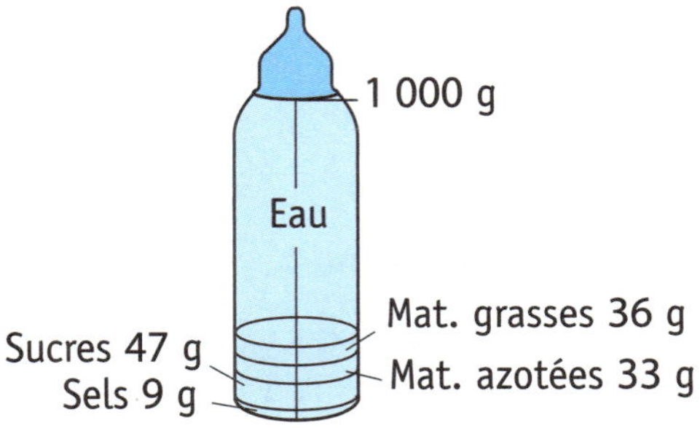

....

....

....

4 ★ Fleuve blanc

La France produit 26 000 millions de litres de lait de vache, 300 millions de litres de lait de chèvre et 700 millions de litres de lait de brebis. Pourtant, le Français est un petit consommateur de lait avec 82 litres par an, par personne, en moyenne. Le Finlandais en consomme 3 fois plus.

Calcule la consommation annuelle de lait d'un Finlandais.

....

....

....

....

Corrigés p. 7

....

BRAVO ! Tu as fini le chapitre 11.
Rendez-vous sur le site www.hatier-entrainement.com pour encore plus d'exercices et de conseils !

NUMÉRATION

12 Ordonner des nombres décimaux

JE SAIS DÉJÀ

Comparer et ordonner des nombres entiers. Lire et écrire des nombres décimaux à un ou deux chiffres après la virgule.

JE COMPRENDS

Lorsque deux nombres décimaux n'ont pas la même partie entière, le plus grand nombre est celui qui a la plus grande partie entière.

7,8 > 4,23

★ 1 **Entre quels nombres entiers consécutifs se placent les nombres suivants ?**
7 < 7,6 < 8

a) 9,42 .... c) 63,5 ....

b) 405,67 .... d) 0,61 ....

Consécutifs veut dire : qui se suivent.

★ 2 **Écris le signe qui convient : < ou >.**

a) 5,8 ..... 3,62 c) 19 ..... 18,43 e) 2,43 3

b) 4,2 ..... 6,28 d) 19,5 ..... 18,95 f) 5,63 6

Rappel : > veut dire *plus grand que* et < *plus petit que*.

★★ 3 **Range les nombres suivants dans un ordre croissant.**

4,36 ; 5,28 ; 3 ; 8,42 ; 2,42 ; 7,4 ; 9,28 ; 6.

....

★★ 4 **Range les nombres suivants dans un ordre décroissant.**

13,87 ; 16 ; 11,4 ; 1,6 ; 1,14 ; 16,27 ; 12 ; 13,8.

....

JE COMPRENDS

Lorsque deux nombres entiers ont la même partie entière, il faut comparer les chiffres de la partie décimale en partant de la gauche jusqu'à trouver deux chiffres différents.

4,2[7] > 4,2[6]

Relis la leçon et les exemples avant de commencer les exercices.

★★ 5 **Range ces nombres dans un ordre croissant :** 5,27 ; 5,6 ; 5,29 ; 5,3 ; 5,34 ; 5,08 ; 5,2.

....

★ 6 **Parmi les nombres suivants, entoure en rouge le plus grand et en vert le plus petit.**

a) 7,88 ; 7,08 ; 7,81 ; 7,83 c) 2,41 ; 2,31 ; 2,32 ; 2,4

b) 10,01 ; 10,2 ; 10,12 ; 10,21 d) 8,48 ; 8,84 ; 8,8 ; 8,85

★★★ 7 **Trouve ce qui manque à chaque nombre décimal pour qu'il soit égal au nombre entier immédiatement supérieur. À 7,8, il manque 0,2 pour faire 8.**

a) À 12,25, il manque .... pour faire .... . c) À 1,62, il manque .... pour faire .... .

b) À 99,5, il manque .... pour faire .... . d) À 15,02, il manque .... pour faire .... .

Corrigés p. 7

....

GÉOMÉTRIE

12 Les axes de symétrie

JE SAIS DÉJÀ

Reconnaitre que deux figures sont symétriques par rapport à un axe. Tracer l'axe de symétrie d'une figure.

JE COMPRENDS

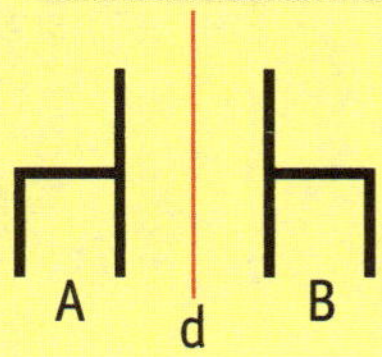

La figure B est le **symétrique** de la figure A par rapport à la droite d, appelée **axe de symétrie**.
Si on plie suivant l'axe de symétrie, les figures A et B sont superposables. Tous leurs points sont à égale distance de l'axe de symétrie.

CONSEILS PARENTS

Reprenez avec votre enfant la construction de figures symétriques par pliages et découpages (napperons). Dépliés, ils lui donneront la notion de symétrie avec évidence.

1 Trace en rouge les axes de symétrie des figures suivantes.

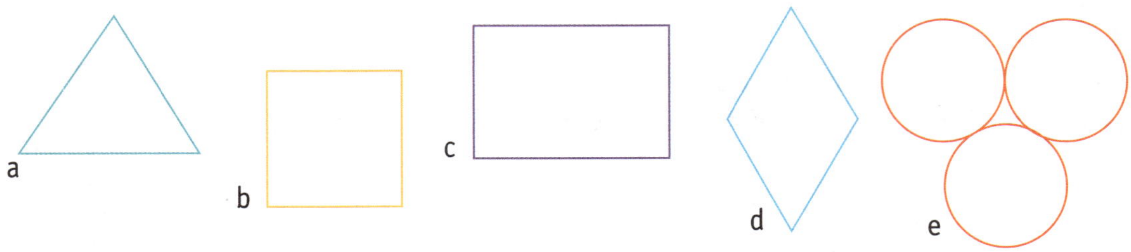

Attention ! Une figure peut avoir plusieurs axes de symétrie.

2 Parmi les figures suivantes, une seule correspond à une symétrie par rapport à un axe. Laquelle ?

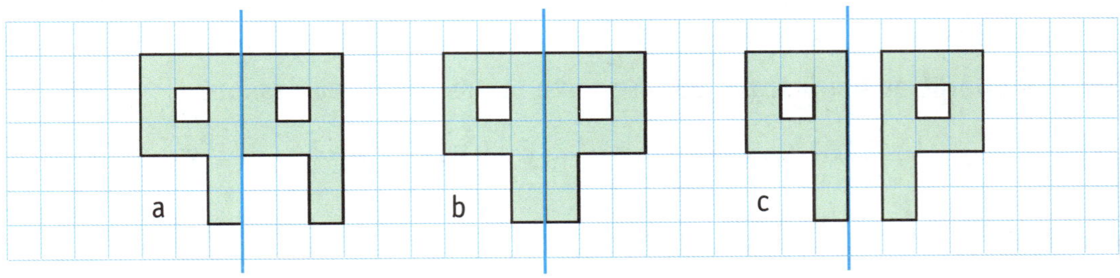

3 Complète la figure par symétrie.

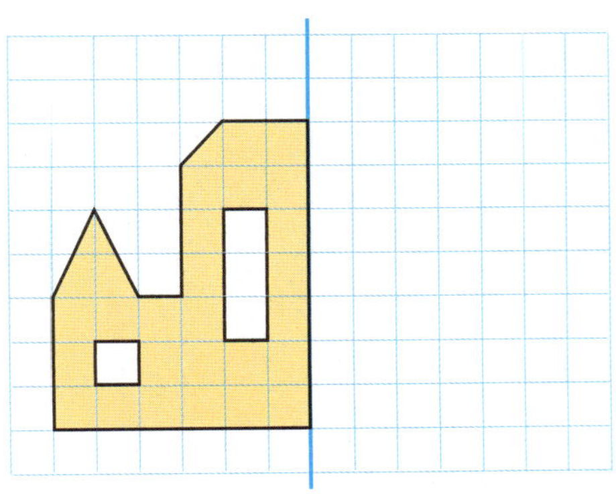

4 Construis le symétrique de la figure A par rapport à l'axe bleu.

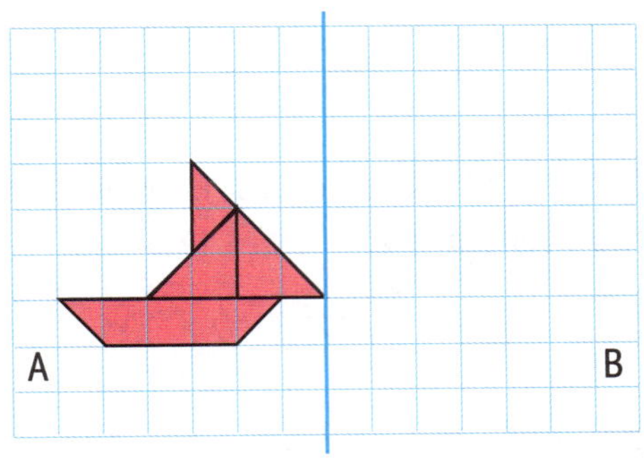

Corrigés p. 7

....

CALCUL 12

Division à quotient décimal

JE SAIS DÉJÀ

Poser et calculer une division et trouver un quotient qui est un nombre entier.

JE COMPRENDS

Lorsque la division a un reste, on peut transformer ce reste en dixièmes de l'unité, puis le nouveau reste en centièmes de l'unité… et poursuivre la division après avoir placé une virgule au quotient après le chiffre des unités.

$13 \times 32 < 424 < 100 \times 32$

La partie entière du quotient a 2 chiffres.

4 2 4	3 2
− 3 2	1 3, 2 5
1 0 4	
− 9 6	
0 8 0	
− 6 4	
1 6 0	
− 1 6 0	
0 0 0	

CONSEILS PARENTS

Entrainez votre enfant à poser correctement la division en veillant à laisser suffisamment de place pour écrire correctement et lisiblement les nombres proposés.

★ 1 On a trouvé la partie entière des divisions suivantes. Pour obtenir la partie décimale, poursuis les calculs jusqu'à ce que le reste soit nul.

a)

4 9	5
− 4 5	9,……
4	

b)

2 4 8	2 5
− 2 2 5	9,……
2 3	

c)

9 5 0	1 6
− 8 0	5 9,……
1 5 0	
− 1 4 4	
0 0 6	

Pose ces divisions sur un cahier ou une feuille pour avoir suffisamment de place pour continuer la division et trouver la **partie décimale** du quotient.

★★ 2 Pose au brouillon les opérations suivantes puis reporte les résultats ci-dessous.

a) 882 : 25 = …………… b) 1 287 : 55 = ………… c) 1 991 : 55 = …………

JE COMPRENDS

Quand une division ne tombe pas juste, on peut la continuer pour obtenir un quotient décimal. Mais certaines divisions ont toujours un reste, donc un quotient qui ne finit pas.

2 7 6	9
− 2 7	3, 6
0 0 ⑥ 0	
− 5 4	
0 ⑥	

★★ 3 Pose au brouillon et effectue ces divisions avec un quotient au $\frac{1}{10}$ (un chiffre après la virgule).

a) 429 : 16 = …………… b) 732 : 23 = …………… c) 2 085 : 38 = …………

★★ 4 Effectue ces divisions au brouillon. Continue-les le plus loin possible. À quel moment sais-tu qu'il est inutile de poursuivre la division ?

a) 73 : 9 = …………… b) 142 : 22 = …………… c) 748 : 18 = …………

Corrigés p. 7

....

PROBLÈMES

12 Problèmes en vue

JE SAIS DÉJÀ

Lire et comprendre des documents. Trouver les données nécessaires aux calculs demandés.

CONSEILS PARENTS

Expliquez à votre enfant les mots difficiles des énoncés.

C'est en effectuant les opérations demandées que tu pourras, dans le texte, remplacer les lettres par des nombres.

★ 1 Toutes voiles dehors

> Les plus rapides des voiliers étaient des goélettes américaines. Elles avançaient à 17 ou 18 nœuds.
> 1 nœud = 1 mille marin en 1 heure.
> 1 mille marin = 1 852 m.

Calcule la vitesse atteinte par ces goélettes. ....

....

★ 2 Du mousse au capitaine

> Selon la taille des bateaux, les hommes embarqués occuperaient, aujourd'hui, de 11 à 18 voitures de 2e classe du TGV. Une voiture de 2e classe du TGV a 60 places.

Calcule le nombre d'hommes embarqués.

....

....

★ 3 Branle-bas de combat

> Pour protéger les routes maritimes ou en cas de guerre, les vaisseaux étaient équipés de canons. Sur certains navires, on pouvait trouver 306 tonnes d'artillerie, 97 tonnes de boulets et 39 tonnes de poudre.

Calcule la masse totale de cet équipement à faire voguer sur les flots.

....

4 ★★ Un vaisseau de guerre du XVIIIe siècle

> Long de A mètres et large de B mètres, ce vaisseau porte C canons. Il embarque D hommes et déplace E tonnes. Sa surface de voilure totale atteint plus de F mètres carrés.
> Le grand mât culmine à G mètres au-dessus de la mer.

Après avoir effectué les calculs au brouillon et reporté les résultats ci-dessous, récris la description du vaisseau en remplaçant les lettres par les résultats.

A. 5 246 : 86 = ...

B. (56 × 24) – (67 × 20) = ...

C. 2 088 : 18 = ...

D. 3 × 4 × 2 × 2 × 5 × 5 = ...

E. 160 × 30 = ...

F. 3 800 de plus que D = ...

G. 19 896 : 2 487 = ...

....

....

....

....

....

....

....

Corrigés p. 7

....

BRAVO ! Tu as fini le chapitre 12.
Rendez-vous sur le site www.hatier-entrainement.com pour encore plus d'exercices et de conseils !

Mesures et nombres décimaux

JE SAIS DÉJÀ

Reconnaitre et utiliser les nombres décimaux et les écritures fractionnaires. Utiliser et convertir les unités de longueur, de masse et de capacité.

JE COMPRENDS

Une mesure peut s'exprimer par un nombre complexe, une fraction décimale ou un nombre décimal.

6 cm et 4 mm ou $6 \text{ cm} \frac{4}{10}$ ou 6,4 cm

CONSEILS PARENTS

Revoyez avec votre enfant la signification des préfixes ***déca, hecto, kilo*** *ainsi que la manière dont on en écrit les abréviations.*

★ 1 Complète.

a) 8 cm 4 mm = ... cm c) 46 m 65 cm = ... dm e) 3 hm 51 m = ... hm

b) 6 m 3 dm = ... m d) 4 dm 6 mm = ... dm f) 4 dam 5 m = ... dam

Pour tous les exercices de cette page, utilise des tableaux de conversion pour t'aider.

★ 2 Écris en mètres.

a) 3 m et demi = ... c) 1 km et demi = ... e) 450 cm = ...

b) 25 cm = ... d) un demi-kilomètre = ... f) 25 dm = ...

★★ 3 Pose les opérations au brouillon et reporte leur résultat ci-dessous.

a) 8,5 km + 43 m = ... hm c) 336 m – 4,27 m = ... cm

b) 14,850 km + 56 hm + 436 dam = ... km d) 4 km – 325 m = ... km

Attention ! Pour pouvoir calculer les opérations de l'ex. 3, tous les nombres doivent être exprimés dans la même unité.

JE COMPRENDS

4 kg 5 hg 8 g s'écrit aussi 4,508 kg ou 45,08 hg.

★★ 4 Complète en suivant l'exemple ci-dessus.

a) 4 kg 3 hg = ... kg c) 27 kg 5 g = ... hg e) 4 dag 5 g = ... dg

b) 5 hg 8 dag 5 g = ... dag d) 6 hg 8 g = ... hg f) 4 dag 5 g = ... hg

★★ 5 Supprime la virgule et écris le nom de l'unité à employer.

a) 4,8 kg = 48 .... c) 0,38 kg = ... e) 43,5 g = ...

b) 6,43 hg = ... d) 0,7 kg = ... f) 8,4 dag = ...

★★★ 6 Une boite contient 15 douzaines d'épingles. Il faut 4 cm de fil d'acier pour fabriquer une épingle. Quelle longueur de fil faut-il pour fabriquer les épingles contenues dans cette boite ?

....

....

Corrigés p. 7-8

....

GÉOMÉTRIE

13 Cube et parallélépipède rectangle

JE SAIS DÉJÀ

Reconnaitre et construire un carré et un rectangle.

JE COMPRENDS

- Un **cube** a six faces carrées toutes identiques. Pour le construire, il suffit de connaitre une seule dimension, celle de son arête.

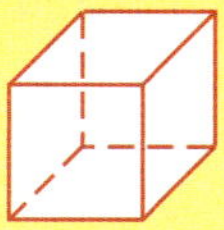

- Un **parallélépipède rectangle** a six faces rectangulaires. Les faces opposées sont identiques. Pour le construire, il faut connaitre trois dimensions, celle de sa longueur, celle de sa largeur et celle de sa hauteur.

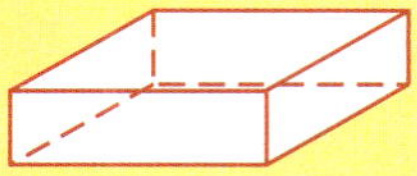

CONSEILS PARENTS

Utilisez des boites d'emballage ayant la forme d'un cube ou d'un parallélépipède rectangle pour les mettre à plat et ainsi aider votre enfant à comprendre la notion de patron.

1 **Voici un patron de pavé. Décalque-le, découpe-le et construis-le.**

2 **Voici un patron de pavé. Décalque-le, découpe-le et construis-le. Puis, trouve une autre façon de construire le patron de ce cube.**

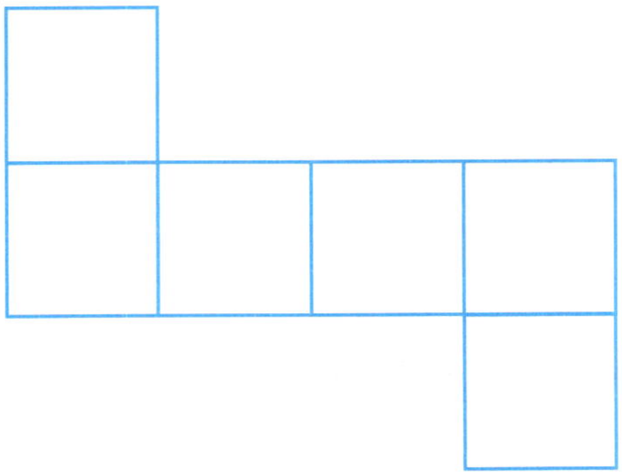

3 **Sur du papier épais, construis le patron d'un pavé dont les dimensions sont : longueur : 12 cm ; largeur : 8 cm ; hauteur : 4 cm. Découpe-le et construis-le.**

Corrigés p. 8

....

CALCUL

13 Addition et soustraction de nombres décimaux (3)

JE SAIS DÉJÀ

Additionner et soustraire des nombres décimaux.

JE COMPRENDS

Rappelle-toi qu'il faut toujours placer les nombres virgule sous virgule et unité sous unité.

43,2 + 113,37 + 26 = →

```
    43,2
+  113,37
+   26
---------
=  182,57
```

★ **1** **Calcule.**

```
     4,75          71,64
+   56,5       + 842,73
+   18,74      +  48
---------      --------
```

a) .... b) ....

★ **2** **Calcule.**

```
   548,65         648
+  449,51      + 424,75
+  416,06      +  86,31
---------      --------
```

a) .... b) ....

Relis bien les leçons avant de commencer à calculer les opérations.

★ **3** **Calcule.**

```
   846,32        47,07
−   75,28      − 18,24
---------      -------
```

a) .... b) ....

★ **4** **Calcule.**

```
   987,21        897,73
−   65,76      − 642,43
---------      --------
```

a) .... b) ....

JE COMPRENDS

Les zéros indiquent que dans 513,00 il y a 0 pour le chiffre des dixièmes et 0 pour celui des centièmes. C'est plus facile pour effectuer la soustraction.

```
   513             513,00
−   98,24      −    98,24
---------      ----------
  ...,..   →       414,76
```

★★ **5** **Pose les opérations au brouillon et reporte leur résultat ci-dessous.**

a) 1 426 − 3,68 = ...

c) 803,4 − 87,28 = ...

b) 43,5 − 19,81 = ...

d) 736,4 − 18,27 = ...

★★ **6** **Trouve quels nombres de chaque colonne on peut additionner pour obtenir un nombre entier.**

			Total
2,25	8,2	1,53	= 8
6,5	2,09	2,4	= ....
3,75	4,22	2,3	= ....
1,7	2,2	1,1	= ....
4,51	1,05	1,20	= ....

Corrigés p. 8

PROBLÈMES

13 Problèmes du bout du monde

JE SAIS DÉJÀ
Lire et comprendre des documents. Trouver les données nécessaires aux calculs demandés.

CONSEILS PARENTS
Expliquez à votre enfant les mots difficiles des énoncés.

★ 1 Le premier ?

Il est difficile de se mettre d'accord sur le nom de celui qui posa, le premier, le pied sur le 6e continent, l'Antarctique. L'explorateur Carsten Borchgrevink en 1900 ? Toujours est-il que c'est le 11 octobre 1911 que Roald Amundsen prit la tête d'une expédition qui atteignit le pôle Sud géographique le 14 décembre de la même année.

Combien de jours cette expédition a-t-elle duré ?

....

Tu peux t'aider d'un calendrier.

★ 2 Le continent blanc

La calotte glaciaire qui atteint de 2 200 m à 4 300 m d'épaisseur couvre une étendue de l'ordre de 24 fois celle de la France.

Quelle surface cela représente-t-il si la France a une superficie de 550 000 km^2 ?

....

....

★ 3 De gros glaçons !

Régulièrement, des icebergs se détachent du continent. Le 11 octobre 1991 flottait au large de Buenos Aires (Argentine) un iceberg aussi étendu que la Corse. Cela faisait 3 ans qu'il avait quitté la banquise en avançant d'environ 20 km par jour.

Rappel :
1 an = **365 jours**.

a) Quelle distance avait-il déjà parcourue ?

....

....

Le plus énorme des icebergs a été vu en 1956 : 330 km de long, 297 km de large et 167 m au-dessus du niveau de la mer. En dessous, 4 fois plus !

b) Quelle hauteur de l'iceberg se trouve au-dessous du niveau de la mer ?

....

....

Corrigés p. 8

....

BRAVO ! Tu as fini le chapitre 13.
Rendez-vous sur le site www.hatier-entrainement.com pour encore plus d'exercices et de conseils !

NUMÉRATION

14 Compter en heures, minutes et secondes

JE SAIS DÉJÀ

Lire l'heure et calculer des durées.

JE COMPRENDS

- Il existe différentes façons d'indiquer l'heure :

10 : 42

Par affichage digital

Sur une montre à aiguilles

h	min
10	42

Dans un tableau

- 1 jour = 24 heures. 1 heure = 60 minutes. 1 minute = 60 secondes.

CONSEILS PARENTS

Reprenez, avec votre enfant, des lectures d'heures sur des cadrans à aiguilles ou sur des affichages digitaux. Faites-lui comprendre la différence entre l'indication d'un instant (lire l'heure) et la notion de durée.

★ 1 **Sous chaque dessin, écris l'heure indiquée comme dans l'exemple.**

8 h 30
8 h et demie

12 : 45

a) ....

....

h	min
3	15

b) ....

....

15 : 50

c) ....

....

Attention à l'orthographe : on écrit une demi-heure mais une heure et demie.

★★ 2 **Voici les temps mis par des coureurs lors d'une course. Range ces temps dans l'ordre d'arrivée en les recopiant en heures, minutes et secondes.**

Michel	01	05	42	Loïs	01	05	35	Bruno	00	59	58
Jean	00	59	37	Stéphane	01	04	35	Frédéric	01	04	25

....

....

★ 3 **Compte de 15 min en 15 min de 3 h 15 à 5 h 30.**

3 h 15 ; 3 h 30 ; ....

....

4 ★ **Compte de 20 min en 20 min de 12 h à 15 h.**

12 h ; 12 h 20 ; ....

....

Tu dois transformer les résultats de l'ex. 6 afin qu'il n'y ait jamais plus de 59 min.

★ 5 **Complète.**

a) 2 min = ... s
b) 2 j = ... h
c) 3 h = ... min
d) 120 min = ... h
e) 1 h = ... min = ... s
f) 72 h = ... j

★★ 6 **Fais les additions suivantes en effectuant les conversions nécessaires.**

```
  56 min
+ 27 min
```

a) ....

```
  2 h 45 min
+      22 min
```

b) ....

```
  5 h 36 min 12 s
+ 2 h 27 min 50 s
```

c) ....

Corrigés p. 8

....

GÉOMÉTRIE

14 Périmètre du carré et du rectangle

JE SAIS DÉJÀ

Reconnaitre et construire un carré ou un rectangle.
Utiliser les mesures de longueur.

JE COMPRENDS

Calculer le **périmètre** d'une figure, c'est calculer la longueur de son contour.

- Périmètre du carré : longueur du côté × 4

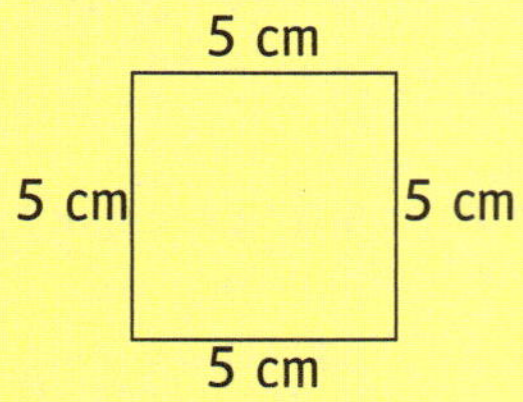

P = 5 × 4 = 20 cm

- Périmètre du rectangle : (L + l) × 2

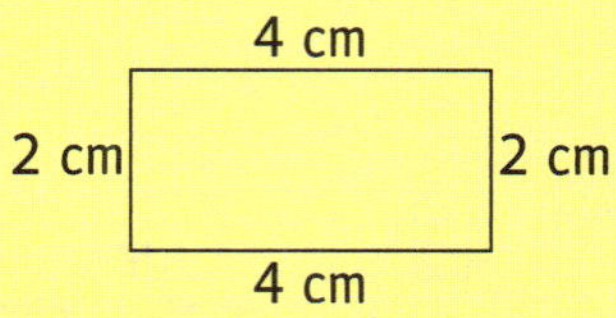

P = (4 + 2) × 2 = 12 cm

CONSEILS PARENTS

Vous pouvez matérialiser la notion de périmètre en demandant à votre enfant de faire le tour d'une boite carrée ou rectangulaire avec une ficelle, la dérouler et l'associer au périmètre de la forme entourée.

1 **Pour trouver le périmètre de chaque figure, reporte, seulement à l'aide de ton compas, la longueur de chacun de ses côtés sur les droites correspondantes.**

Voici : un carré — un rectangle — un rectangle

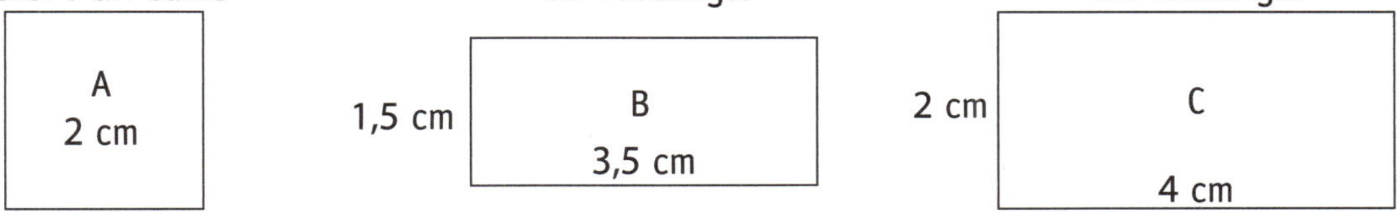

A. ____________________

B. ____________________

C. ____________________

Marque un point de départ et attention à bien conserver l'écartement du compas pour le reporter sur la droite.

2 **Calcule le périmètre :**

a) d'un carré de 16 cm de côté. ....

b) d'un rectangle de 18 cm sur 12 cm. ....

3 **À Paris, la place de la Concorde est un rectangle de 360 m de long sur 210 m de large. Quelle distance parcours-tu si tu en fais le tour à pied ?**

....

Calculer le périmètre se fait en deux fois. Écris les mesures manquantes sur les schémas de l'ex. 4 pour t'aider.

4 **Calcule le périmètre des figures a et b en utilisant les dimensions indiquées.**

a)

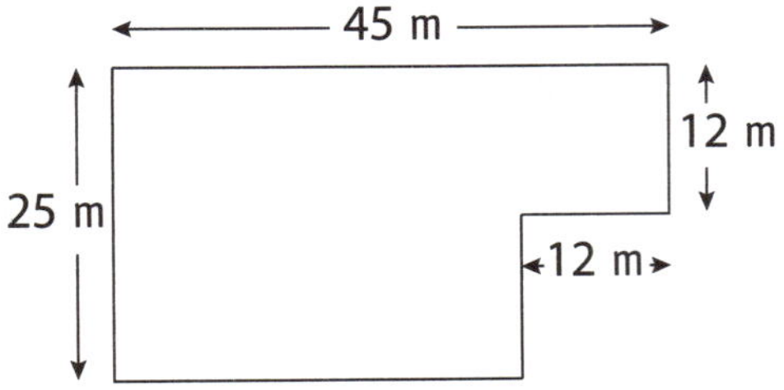

b)

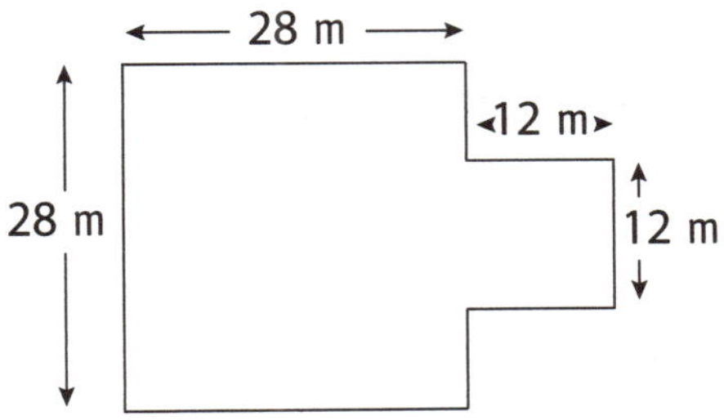

Corrigés p. 8

....

CALCUL

14 Multiplier avec des nombres décimaux

JE SAIS DÉJÀ

Multiplier un nombre entier par un nombre entier.
Utiliser les tables de multiplication.

CONSEILS PARENTS

Revoyez, avec votre enfant, les tables de multiplication sous forme de jeu.

JE COMPRENDS

```
     5, 4 2   → 5,42 × 100 = 542
  × 3 6
  -------
    3 2 5 2
  1 6 2 6 .
  -------
  1 9 5, 1 2  → 542 × 36 = 19 512
              5,42 × 36 = 19 512 : 100
                        = 195,12
```

Pour multiplier un nombre entier par un nombre décimal :

- on effectue la multiplication comme si les deux nombres étaient entiers ; on multiplie donc 5,42 par 100 ;
- pour que le résultat soit exact, il faut maintenant diviser le produit de 542 par 36 (19 512) par 100.

1 Complète.

```
      4 5 6                              6 3 2
  ×     3, 6  ← 36 = 3,6 × 10        ×     5, 8  ← 58 = 5,8 × 10
  ----------                         ----------
  ..........                         ..........
  ..........                         ..........
  ----------                         ----------
a) ..........  ← produit : 10     b) ..........  ← produit : 10
```

Pour les exercices 1 à 4, entoure la partie décimale en couleur comme dans la leçon. Cela te permettra de ne pas oublier de placer la virgule dans le résultat.

2 Pose les opérations au brouillon et reporte leur résultat ci-dessous.

a) 842 × 4,2 = ...
c) 706 × 3,5 = ...
b) 648 × 7,8 = ...
d) 462 × 6,9 = ...

3 Même consigne.

a) 73,6 × 32 = ...
c) 8,45 × 54 = ...
e) 45,8 × 46 = ...
b) 746 × 2,9 = ...
d) 82,4 × 52 = ...
f) 8,43 × 14 = ...

4 Calcule en t'aidant du résultat de l'exemple. **463 × 37 = 17 131**

a) 463 × 3,7 = ...
c) 4,63 × 37 = ...
b) 46,3 × 37 = ...
d) 463 × 0,37 = ...

Calcule les multiplications de l'ex. 5 sans t'occuper des zéros mais n'oublie pas de les ajouter au résultat avant de placer la virgule.

5 Pose les opérations au brouillon et reporte leur résultat ci-dessous.

a) 480 × 5,2 = ...
c) 6 480 × 3,2 = ...
e) 1 420 × 3,25 = ...
b) 2 500 × 3,42 = ...
d) 1 600 × 5,27 = ...
f) 6 480 × 7,2 = ...

Corrigés p. 8

....

PROBLÈMES

14 Mesurer des aires

JE COMPRENDS

Si on prend □ comme unité,
l'aire de la figure bleue est 8 □.

CONSEILS PARENTS
Faites comprendre à votre enfant la notion d'aire en l'associant au mot surface, en prenant comme exemple la surface de l'appartement, de sa chambre, du jardin…

★ 1 En prenant □ comme unité, exprime l'aire des figures suivantes.

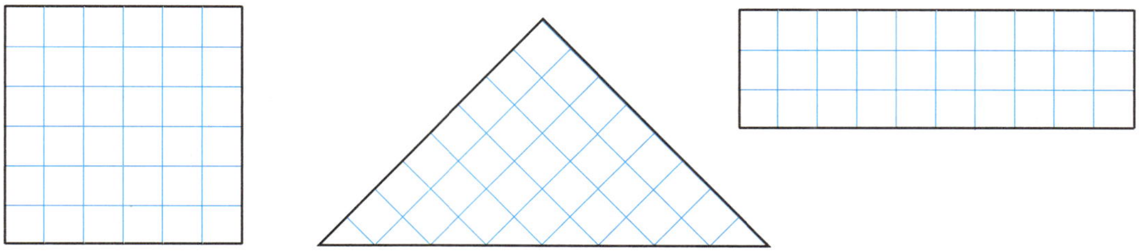

a) = ... b) = ... c) = ...

★ 2 En prenant ▱ comme unité d'aire, colorie de 2 couleurs différentes :

a) une surface A dont l'aire sera égale à 13 ▱ ;

b) une surface B dont l'aire sera égale à 25 ▱.

Tu peux faire la forme que tu veux mais elle doit être en continu, comme dans la leçon.

★ 3 Exprime l'aire de chaque figure en sachant que □ est l'unité.
Quelle observation fais-tu ?

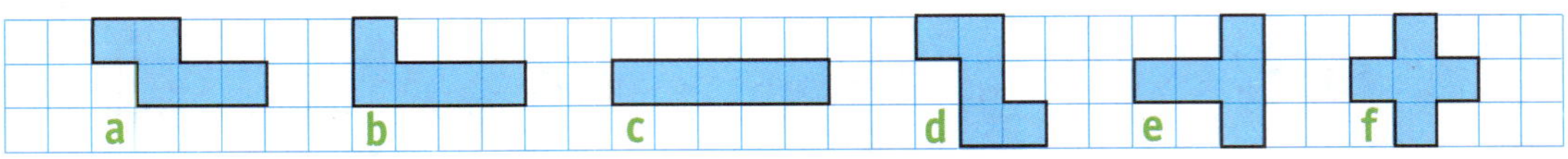

a) = ... c) = ... e) = ...

b) = ... d) = ... f) = ...

★ 4 Le carreau □ étant l'unité, quelle est l'aire :

a) de la surface bleue ? ....

b) de la surface blanche ? ....

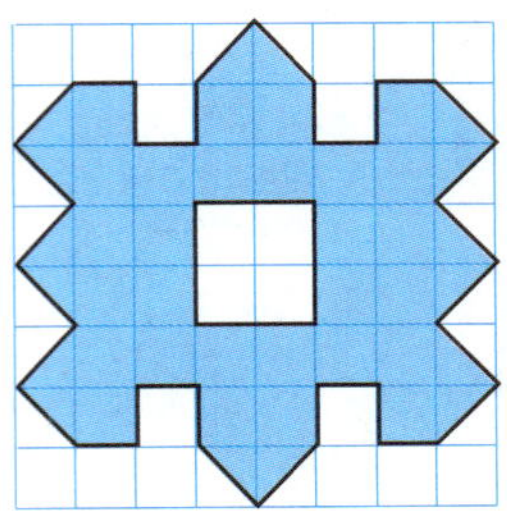

N'oublie pas les **moitiés** de carreau.

Corrigés p. 8

....

BRAVO ! Tu as fini le chapitre 14.
Rendez-vous sur le site www.hatier-entrainement.com
pour encore plus d'exercices et de conseils !

Mémo Chouette

NUMÉRATION

- Dans un nombre, chaque chiffre a une valeur différente suivant sa position.

…	cM	dM	uM	c	d	u	$\frac{1}{10}$	$\frac{1}{100}$	…
			1	2	3	8			
					1	5,	2	4	

- Dans 1 238 : 2 est le chiffre des centaines, 12 est le nombre de centaines contenues dans ce nombre.
Dans 15,24 : 2 est le chiffre des dixièmes, 152 est le nombre de dixièmes contenus dans ce nombre.
- On écrit : 1 238.
On lit : mille-deux-cent-trente-huit.
On écrit : 15,24. C'est un nombre décimal.
On lit : quinze virgule vingt-quatre ou quinze et vingt-quatre centièmes.

CALCUL

- **L'addition et la soustraction**

$$\begin{array}{r} 2\ {}^{1}3\ {}^{1}7\ 9 \\ +\quad 2\ 4\ 6 \\ \hline 2\ 6\ 2\ 5 \end{array} \qquad \begin{array}{r} 9\ {}^{1}1\ {}^{1}6,\ 4\ {}^{1}0 \\ -\ {}_{1}\ {}^{1}3\ 8,\ {}^{1}1\ 7 \\ \hline 8\ 7\ 8,\ 2\ 3 \end{array}$$

Pour faire une addition ou une soustraction, il faut veiller :
– à placer les chiffres qui correspondent à une même valeur (dizaines, unités, dixièmes, centièmes…) les uns en dessous des autres ;
– à ne pas oublier les retenues.
Dans la soustraction : 916,4 – 38,17, pour faciliter les calculs, on ajoute un zéro comme chiffre des centièmes à 916,4 sans changer la valeur de ce nombre.

- **La multiplication**

$$\begin{array}{rl} 2\ 7\ 3 & \\ \times\quad 3\ 5 & \\ \hline 1\ 3\ 6\ 5 & \rightarrow 5 \times 273 \\ 8\ 1\ 9\ 0 & \rightarrow 30 \times 273 \\ \hline 9\ 5\ 5\ 5 & \end{array}$$

- **La division**

Pour faire une division, il faut :
– trouver le nombre de chiffres du quotient en encadrant le dividende par des multiples du diviseur (10, 100, 1 000… fois plus grands) ;
– construire une table des multiples du diviseur.

$$\begin{array}{r|l} 4\ 6\ 7\ 8 & 3\ 2 \\ \cline{2-2} -\ 3\ 2 & 1\ 4\ 6 \\ \cline{1-1} 1\ 4\ 7 & \\ -\ 1\ 2\ 8 & \\ \cline{1-1} 0\ 1\ 9\ 8 & \\ -\ 1\ 9\ 2 & \\ \cline{1-1} 6 & \end{array}$$

4 678 = (32 × 146) + 6
Reste 6 < 32

FRACTIONS ET DÉCIMAUX

- Une fraction sert à exprimer avec plus de précision une grandeur entre 2 nombres entiers consécutifs.

Un demi de l'unité $\frac{1}{2}$

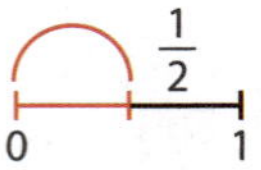

Un quart de l'unité $\frac{1}{4}$

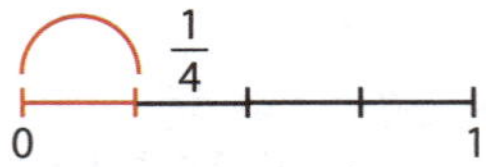

Un dixième de l'unité $\frac{1}{10}$

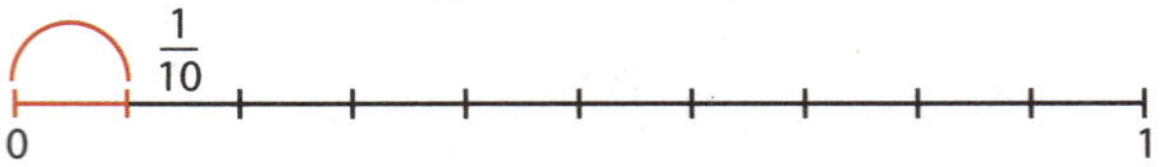

Un dixième s'écrit $\frac{1}{10}$ ou 0,1. C'est la dixième partie de l'unité.
Donc $10 \times \frac{1}{10}$ ou $10 \times 0{,}1 = 1$.

- Un centième s'écrit $\frac{1}{100}$ ou 0,01. C'est la centième partie de l'unité.
Donc $100 \times \frac{1}{100} = 1$ ou $100 \times 0{,}01 = 1$.

GÉOMÉTRIE

- Pour reconnaitre un angle droit, on utilise une équerre.
- Pour tracer un cercle ou reporter une distance, on utilise un compas.
- Pour reproduire une figure, on peut utiliser une règle, une équerre et un compas, du papier-calque ou un quadrillage.
- Les polygones les plus courants sont :
– les quadrilatères, figures à 4 côtés et 4 sommets ;
– les triangles, figures à 3 côtés et 3 sommets.
- Propriétés des quadrilatères

	Carré	Rectangle	Losange
Côtés	4	= 2 à 2	4
Angles droits	4	4	non
Diagonales se coupant en leur milieu	oui	oui	oui
Diagonales perpendiculaires	oui	non	oui

MESURE

- Périmètre du carré = longueur du côté × 4.
- Périmètre du rectangle = (L + l) × 2.